Diesterwegs Rote Reihe

Jürgen Heinel

Der König ruht im Klassenzimmer

Gestaltpädagogik zum Kennenlernen

Illustrationen:
Hermann Hoormann

Nachwort:
Jörg Bürmann

Verlag Moritz Diesterweg
Frankfurt am Main

Die Deutsche Bibliothek – CIP-Einheitsaufnahme

Heinel, Jürgen:
Der König ruht im Klassenzimmer : Gestaltpädagogik zum Kennenlernen /
Jürgen Heinel. Ill.: Hermann Hoormann. Nachw.: Jörg Bürmann.
1. Aufl. – Frankfurt am Main :
Diesterweg 1993
  (Diesterwegs Rote Reihe)
  ISBN 3-425-01621-0

ISBN 3-425-01621-0

1. Auflage 1993

© 1993 Verlag Moritz Diesterweg GmbH & Co., Frankfurt am Main.
Alle Rechte vorbehalten. Das Werk und seine Teile sind urheberrechtlich geschützt. Jede Verwertung in anderen als den gesetzlich zugelassenen Fällen bedarf deshalb der vorherigen schriftlichen Einwilligung des Verlags.

Satz: Fotosatz Otto Gutfreund GmbH, Darmstadt
Druck- und Bindearbeiten: graphoprint, Koblenz

Inhalt

Ein persönliches Wort vorweg	5
Warten können	7
Klassenräume	10
Die Stimme	11
Der Kreis	13
»Macht« abgeben	16
Selbsterfahrung	19
Die erste Stunde	22
Für sich selber sorgen	25
»Wir wollen heute...«	28
Bedenken, etwas Falsches zu sagen	30
Demokratie von unten	32
Das Wort weitergeben	33
»Ohne den Notendruck«	35
In der leeren Aula	38
Mein Fach ist das wichtigste	40
Mit dem Körper lernen??	42
Die gefürchtete Grammatik	46
In Deutsch mag das ja gehen	49
Karl der Große und Karl Marx	52
Der König ruht im Klassenzimmer	54
Manöverkritik	57
Brief an Fontane	58
Übungen mit Datenschutz	60
Erfahrung	62
Die lieben Medien	64
Momentaufnahme	67
Die leisen Töne	68
Hilfe, ich werde mit meinem Stoff nicht fertig!	71
Die »Extras«	73
Kreativität	75
Ein gewisser Herr Frust	78
Die »rauhe Wirklichkeit«	81
Literatur-Nachweise	82
Jörg Bürmann: Was ist Gestaltpädagogik? – Ein Nachwort	83
Die Autoren	108

Für Dorothea

Ein persönliches Wort vorweg

Gestaltpädagogik – diesen Begriff hörte ich zum ersten Mal, als ich im Schuldienst schon einigermaßen ergraut war. Viele Lehrerjahre hatte ich bereits hinter mir. So die ersten Ausbildungszeiten bald nach dem Kriege als »Neulehrer« in der sowjetischen Besatzungszone bzw. DDR, mit voller Unterrichtspraxis von der Pike auf, bestückt mit zwei Lehrerprüfungen. Dann ein Studium in Westberlin (Geschichte, Germanistik) mit zwei weiteren Lehrerprüfungen, diesmal westlichen, unter dem Titel Staatsexamen. Danach Schuldienst an Gymnasien in Niedersachsen und Rheinland-Pfalz.

Jahre voll eifriger Tätigkeit, mit Freude am Beruf, begleitet von der Tendenz zu fortschrittlichen, experimentellen Methoden (zum Beispiel nach Carl Rogers' wunderbarem Buch »Lernen in Freiheit«). Auch versehen mit dem Impuls, zu anderen Schulformen Kontakt zu halten (zum Beispiel zu den Waldorfschulen) und nicht akademisch-verkopft zu lehren.

Jetzt, im Rückblick nach der Pensionierung, kann ich aber sagen: Nirgends in all den Berufsjahren ist mir etwas Eindrücklicheres begegnet als eben die Gestaltpädagogik. Sie hat das letzte Jahrzehnt meiner Arbeit geprägt und vergoldet. Ich bedaure nur, daß es diese Richtung, vermittelt durch das Fritz-Perls-Institut in Düsseldorf, in früheren Jahren noch nicht gab.

Diese Methode mit ihrem zuwendenden Klima verwandelt die Atmosphäre in den Klassenzimmern. Sie verändert die zwischenmenschlichen Beziehungen: Lehrerinnen und Lehrer haben mit Schülerinnen und Schülern echten Kontakt und lernen, wirklich akzeptierend miteinander umzugehen. Gestaltpädagogisch orientierter Unterricht kann viel von dem Druck und dem Frust wegnehmen, der das Betriebsklima in der Schule oft so belastet.

Und es wird nicht nur »mit dem Kopf« gearbeitet. Die emotionale und die körperliche Ebene sind mit einbezogen. So kommt es, daß dieser Unterricht sehr dauerhafte Eindrücke im Gedächtnis hervorruft. Durch abwechslungsreiches und konsequentes Üben läßt sich das noch verstärken. Zu allen anderen Vorzügen stellt sich auch ein guter »Lernerfolg« ein, der nichts zu tun hat mit Tendenzen der Niveausenkung oder der Gefälligkeitsbenotung.

Über meine Erfahrungen mit dieser Methode berichte ich gern. Allerdings nicht in der Form eines »Lehrbuches«, sondern skizzenhaft, mit allerlei Erlebnissen aus dem Klassenzimmer und ganz persönlich. Denn die Gestaltpädagogik ist sehr individuell und erlaubt viele Varianten.

Dennoch ist sie ein Ganzes, ein System, das Jörg Bürmann im Nachwort von den wissenschaftlichen Grundlagen her beschreibt. Ich kann nicht ein Element herausnehmen, es isoliert »verwenden« und erwarten, daß sich das Ganze dann schon einstellen wird. Dabei ist es durchaus möglich, daß manche der hier geäußerten Gedanken zu der Reaktion veranlassen: »Das mache ich doch schon seit jeher so!« Aber es kommt auf den inneren Zusammenhang an, in dem die einzelnen Teile dieser Methode zueinander stehen, und auf ihre Grundlagen. Der Weg zu ihr ist nicht ohne Mühsal. Er lohnt sich außerordentlich. Ich möchte Mut machen, ihn zu beschreiten.

Herzlich danke ich Hildegund Heinl, die mir diesen Weg aufgezeigt hat, und meinen Ausbildern, vor allem Jörg Bürmann, Monika Rosenkranz, Damaris Kägi-Romano und Thijs Besems.

Gleichfalls gilt mein Dank ehemaligen Schülerinnen und Schülern aus sechs verschiedenen Jahrgängen, die das Manuskript durchlasen und bestätigten, daß sie den Unterricht so erlebt haben, wie er hier beschrieben wird.

Für die Durchsicht danke ich ebenfalls einer Reihe von gestaltpädagogisch unterrichtenden Kolleginnen und Kollegen. Sie sind in Haupt- und Gesamtschulen sowie in der Erwachsenenbildung tätig, haben aber ganz ähnliche Erfahrungen gemacht wie ich und mir mit ihrem Zuspruch sehr geholfen.

Bei Hermann Hoormann bedanke ich mich herzlich für die köstlichen, zuwendend oder ironisch gemeinten Pastellzeichnungen. Sie vermitteln das Anliegen des Buches auf bildliche Weise und dokumentieren damit gestaltpädagogische Vielfalt.

Warten können

Früher habe ich in der Klasse schlecht warten können. Ich habe es, unter dem Druck der Verhältnisse, wohl schließlich getan, besonders am Anfang der Stunde. Aber mit innerem Druck, mit dem Blick auf die Uhr, mit dem Gedanken an die Stoffmengen. Also mit Vorwürfen. Meist gar nicht einmal in Worten geäußert, wohl aber signalisiert in Miene und Körperhaltung...

Eine der großen Änderungen, die durch die gestaltpädagogische Arbeit eingetreten sind, betrifft die Art des Wartens. Wohl bin ich ungefähr pünktlich zum Unterricht erschienen, wie früher schon. Aber nicht mit dem Gedanken, daß es loszugehen habe, wenn ich im Klassenzimmer angekommen bin. Ich habe mir nun Zeit genommen, zu schauen und zu empfinden. Ich habe gesehen: Noch ist Unruhe in der Luft, und ich warte einfach. Das Entscheidende dabei: Ich warte ohne Vorwürfe. Ich signalisiere gewissermaßen: Mir ist der Betrieb nicht gleichgültig, aber ich bin auch nicht der Antreiber. Der Unterricht ist mir wichtig, aber er kann nur laufen, wenn Besinnung eingekehrt ist ins Zimmer, das Klima der inneren Bereitschaft.

Und ich habe darauf so gut wie nie vergeblich gewartet. Oft hat ein Witz die gute Ausgangssituation herbeigeführt. Oder nach allgemeinem »Noch-schnell-etwas-mit-dem-Nachbarn-bereden-Müssen«, die Lehrkraft eingeschlossen, die kollektive Einsicht: Jetzt kann's losgehen. Augenzwinkern gewissermaßen.

Warten aber auch im Unterricht selbst. Warten zum Beispiel, wenn etwas zu notieren ist, bis alle genug Zeit hatten, nach ihrem Tempo die Sache zu beenden. Also nicht: »Schluß jetzt. Es dauert sonst zu lange. Wir müssen noch...«

Eher schon: »Kannst du das jetzt abschließen?« »Du hast den Stift noch in der Hand. Möchtest du noch etwas aufschreiben?« »War das für dich genug Zeit zum Notieren?«

Entscheidend ist hier, wie auch sonst, der Ton, in dem gefragt wird. Er »macht die Musik«. Es kommt eigentlich nicht so sehr auf die Formulie-

»Mit dem Blick auf die Uhr«

rung an – sie kann täuschen –, sondern auf den Ton, und der ist abhängig von dem, was sich im Gemüt des Fragenden abspielt. Der Angeredete hört garantiert das Richtige, eigentlich Gemeinte heraus. Wesentlich ist wieder, daß kein versteckter Vorwurf vorhanden ist (der Schüler hört sonst: »Du Affe bist immer noch nicht fertig!«). Auch kein versteckter Druck (die Schülerin hört sonst: »Wegen dir schaffen wir heute den Stoff wieder nicht!«).

Sehr anschaulich kann man bei diesen Dingen studieren, daß Verständigung überhaupt viel weniger durch den logischen Sinn von irgendwelchen Worten vor sich geht als durch die Art und Weise, wie sie vorgebracht werden. Das Sprichwort von dem Ton und der Musik meint ja ganz zu Recht die Schwingung, auf der das Gesagte daherkommt und ins Ohr dringt, den Unterton und Nebenton.

Daß dieses »Warten auf jemanden« ausgenutzt wurde, um den Betrieb aufzuhalten und zu stören, habe ich übrigens nicht erlebt. Auch auf der anderen Seite kein Stöhnen der Schnellen über die Langsamen. Wenn die Atmosphäre ruhig und zuwendend ist und als fair empfunden wird, sind die Jugendlichen sehr tolerant. Nehme ich die Strömungen wahr und gebe ihnen Raum, ist größere gegenseitige Rücksicht die Folge.

Warten auch bei Denkpausen im Gespräch. Das sind Zeiten, in denen keiner etwas sagen möchte, wo aber zu spüren ist, daß etliche den geäußerten Gedanken noch nachhängen. Ich möchte das »schöpferische Pause« nennen, aus der, wie ich oft erlebt habe, gerade die guten Einfälle kommen. Ich schlage sie tot, wenn ich sofort nach dem Verstummen der Teilnehmer an die Glocke schlage: »Weiter jetzt. Wir gehen auf die nächste Seite...« Oder die schreckliche Zusammenfassung, damit nur ja keine Pause entsteht (die den Alptraum von Stillstand in sich birgt): »Wir haben also gehört...«

Warten schließlich, wenn einer mit dem, was er ausdrücken möchte, nicht gleich zu Rande kommt oder eine Verschnaufpause braucht. »Nimm dir ruhig Zeit, wir haben keine Eile.«

Klassenräume

Neben manchem öden Saal habe ich landauf, landab viele schöne Klassenzimmer zu sehen bekommen. Räume, in denen freundliche Farben die Wände beleben. Oder Pflanzen, die den Blick erfreuen. Oder Bilder und liebevoll gestaltete Dekorationen.

Aber am besten von allen hat mir der Klassenraum gefallen, den ich durch das Gestaltpädagogik-Curriculum bei Damaris Kägi-Romano kennengelernt habe, in der Demokratisch-kreativen Schule in Schiltwald/ Aargau, Schweiz. Die Kinder sitzen im Kreis, und in der Mitte des Kreises und des Raumes gibt es einen Platz, wo sie Gegenstände, die ihnen gefühlsmäßig wichtig sind, hinlegen, sie während des Unterrichts sehen und mit ihnen Kontakt haben: Lieblingstiere oder Süßigkeiten oder ein Buch oder ein Auto. Alles liebevoll nebeneinander, immer im Blickfeld und mit den Augen zu streicheln.

Eine glückliche und wichtige Idee. Besonders für Kinder, die Schwierigkeiten haben, den Klassenraum ohne weiteres als Heimat für die Schulstunden anzunehmen. Das hat mir sehr imponiert. Auch die Offenheit, mit der das von allen gehandhabt wird. Hier ist sofort zu sehen: das Entscheidende sind die Kinder und ihre Befindlichkeit, nicht das Fach und der Lernstoff.

Mir ist so etwas nicht geglückt. Sicher, ich habe zumeist in einem Saal nur eine einzige Unterrichtsstunde, und dann erscheint sogleich eine andere Person, die etwas beibringen will. Eben noch unregelmäßige Verben, Französisch, dann Caesar oder Brüning, anschließend jemand mit Zirkel und Winkeldreieck und danach Aufbruch in den Biosaal. Wie gedeiht in solchem Betrieb die zarte Pflanze eines Platzes für Lieblingsdinge?

Trotzdem, das sind alles nur Entschuldigungen. Im Grunde hatte ich einfach nicht den Mut, so etwas »Kindliches« vorzubringen, abzustimmen, zu koordinieren und zu ermöglichen. Aber den Platz im Schweizer Schiltwald habe ich noch ganz genau vor Augen...

Die Stimme

Durch die Wahrnehmungsübungen in der gestaltpädagogischen Ausbildung habe ich sehr auf die Stimme zu achten gelernt, mit der einer spricht. Ich bin mir erst richtig der Schwingungen bewußt geworden, die mit jedem Wort einhergehen. Auch meine eigene Stimme habe ich besser kennengelernt, die mir vorher mehr ein reines Sprechorgan war. Deutlicher habe ich gespürt, wenn sie aufgeregt und spröde klang oder ruhig und vertrauensvoll.

Von diesem Hinhören habe ich einiges mit ins Klassenzimmer genommen. Es ist auch für die Schülerinnen und Schüler wichtig, wenn sie vermittelt bekommen und darauf achten lernen, daß die Stimme etwas ganz Persönliches, Einmaliges, Ausstrahlendes, Schwingendes ist. Ein empfindliches, feines Organ, das viele Stimmungen anzeigen kann.

Gern erinnere ich mich an eine Szene in einer 9. Klasse, Deutsch, rund 20 Teilnehmer, eine Doppelstunde. Wir sitzen im Stuhlkreis, aber mit der Blickrichtung nach außen, zur besseren Konzentration. Jeder hat einen Text nach freier Wahl mitgebracht. Ich bin innen im Kreis und bitte, die Augen zu schließen. Ich tippe einen Schüler an (es ist Dieter), und mit geschlossenen Augen hören alle zu, wie eine Stimme einen Text vorliest. Wessen Stimme ist es? Woran ist sie zu erkennen? Wie empfinde ich sie: als hoch oder tief, laut oder leise, deutlich oder undeutlich, Dialekt zeigend oder Hochdeutsch usw.?

Ist die »Leseprobe« zu Ende (sie kann ziemlich kurz gehalten werden, weil das Charakteristische sogleich da ist), greift jeder zum Kuli und schreibt ein »Briefchen«. Das ist ein kleiner Zettel, auf dem einige wichtige Eindrücke notiert werden. Das Bündel mit den »Briefchen« für Dieter kommt aufs Fensterbrett, und dann geht es gleich weiter und Corinna liest. Am Schluß holen sich alle ihre »Briefchen« ab und studieren sie eifrig.

Eine Rückmeldung also in schriftlicher Form, ohne alle weitere Besprechung, einfach als Botschaft über einen selbst. Es ist der Versuch, der Stimme nachzuspüren, die Sensibilität zu fördern, das Hinhören auf den anderen zu stärken, Schwingungen wahrzunehmen. Nach Jahren noch

»Wessen Stimme ist es?«

kamen Erinnerungen daran: »Das mit der Stimme bei geschlossenen Augen, das war schön. Es war das erstemal, daß ich etwas über meine Stimme erfahren habe.«

Der Kreis

Gestaltpädagogisches Unterrichten ist an keine bestimmte Sitzordnung gebunden. Ich habe frontal ausgerichtete Tische vorgefunden, verstreute Tischgruppen oder Hufeisen und gemerkt, daß sich ein zuwendendes Klima trotzdem einstellt, wenn die übrigen Rahmenbedingungen stimmen.

Aber die ideale Form ist der Kreis. Er ist ein vollendetes Gebilde, ein Symbol. Weder Hervorhebungen kennt er noch benachteiligte Ecken. Er ist gewissermaßen tolerant und demokratisch, er verbindet und eint, spendet Wärme und Geborgenheit.

Alle Teilnehmer haben Blickkontakt miteinander, können sich ansprechen und sehen, wie die Partner reagieren. Wichtig erscheint mir, daß der Kreis wirklich geschlossen ist. Daß nicht, bei der Lehrperson, ähnlich wie beim Hufeisen, eine deutliche Lücke bleibt, die Abstand schafft. Im geschlossenen Kreis ist überall Tuchfühlung zum Nachbarn vorhanden, ob nun Tische vor einem stehen oder nicht. Interessanterweise habe ich über die technische Schwierigkeit, daß einige Teilnehmer die Tafel im Rücken haben, keine Klagen gehört. Sie drehen sich auf ihrem Schemel entsprechend zur Seite und halten an der Kreisform trotzdem fest.

Die Gruppenarbeit, zu der die Gestaltpädagogik sehr gute Beziehungen unterhält, taucht hier als besonderes Problem nicht auf, weil sie von der räumlichen Anordnung her kaum Schwierigkeiten bietet: Bei jeder Art

»Die ideale Form ist der Kreis«

von Sitzordnung finden sich die Gruppen leicht und locker zusammen. Für das anschließende »Plenum« eignet sich dann wieder der Kreis am besten.

Ich biete, wenn es von der Teilnehmerzahl und vom Raum her möglich ist, die Sitzform im Kreis an. Meist entsteht sie, nach Abstimmung, auf Probe.

Und so gut wie immer wird sie eine Weile später, wieder nach Abstimmung oder allgemeiner Bejahung, auf Dauer beibehalten. Steht die Anordnung der Möbel einer Kreisform entgegen, so wird eben umgeräumt: eine Sache von ein paar Augenblicken Geschurre und Herumschleppen am Anfang und am Ende, an dem ich mich gern beteiligt habe. Der Kreis ist an diesem kleinen Obolus nie gescheitert.

Eine interessante Variante kann sich ergeben, wenn die Zahl der Tische so groß ist, daß man keine Aussicht hat, den Kreis mit den Möbeln zustande zu bringen. Dann bleibt alles stehen, wie es ist, und wird auch für Übungen, für Schriftliches und tafelorientierte Angelegenheiten benutzt.

Aber für vieles andere, fürs Lesen, Vortragen, Erklären, Diskutieren oder Beraten, gibt es die »kleine Runde« dort, wo ein bißchen Platz im Zimmer übrig ist, vorn vielleicht oder hinten. Dorthin transportieren alle ihre Stühle und bilden wieder den Kreis. Ein Wechsel des Schauplatzes, der sich sehr bewährt hat. Immer aber ist dabei zu spüren, wieviel mehr Gemeinschaft und Kontakt der Kreis stiftet, sobald man rundherum Platz genommen hat.

„Macht" abgeben

Der einzige, der bei der Kreisform etwas verliert, scheine ich selber zu sein. Ich verzichte auf meine herausgehobene Position, bin nur ein Glied in der Kette wie jeder andere auch. Schülerinnen und Schüler sind meine direkten Nachbarn, schauen mir ins Buch. Es ist das Problem, »Macht« abzugeben.

Auch hier kann ich sagen: Sehr gute Erfahrungen habe ich damit gemacht. Vielleicht habe ich Elemente der Kontrolle und des Überblicks »von vorn« verloren, dafür aber eine andere Dimension von Vertrauen und Zuwendung gewonnen.

Ich gebe gern zu, daß immer die ersten Versuche dieser Art einem Sprung in Untiefen ähnlich waren. Ich habe sie aber gewagt mit dem festen Vorsatz, intensiv hinzuschauen und wahrzunehmen, was dabei geschieht und wie die Ströme der Empfindung verlaufen. Natürlich war ich auch entschlossen, mich nicht ausnutzen und »unterbuttern« zu lassen. Argwöhnische Reaktionen sind mir aus früheren Lehrerjahren durchaus vertraut. Aber ich habe zu meinem Erstaunen feststellen können, daß ich – fast immer – die »Vorsichtsmaßnahmen« und eventuellen Eingriffe à la »bis hierhin und nicht weiter« in der kleinen Westentasche steckenlassen konnte. Die Blicke im Kreis herum signalisierten mir Einverständnis.

Der Ausdruck »Macht abgeben« klingt vielleicht recht merkwürdig in einer Zeit, in der vielfach zu hören ist, daß die Lehrerin oder der Lehrer sowieso nicht mehr viel zu sagen hätte, sich oft nur mühsam in den Klassen Gehör verschaffen könne und mehr oder weniger hilflos einer Null-Bock-Mentalität gegenüberstände oder gegenübersäße.

Aber die Sache mit der »Macht« ist dennoch nicht ohne Hintergrund. »Macht« habe ich schon dadurch, daß ich die Noten gebe. Selbst bei großer Demokratisierung des Verfahrens bleibe ich derjenige, der das letzte Wort hat, die Zensur verantworten muß, das Zeugnis unterschreibt. Ferner kann ich Strafen verhängen, die Eltern einschalten, die Kollegen, die Schulleitung.

»Ich kann fast unablässig reden«

Außerdem gibt es viele kleinere und vielleicht auch feinere Formen der »Machtausübung«. Oft sehen sie so aus, als hätten sie mit diesem Problem herzlich wenig zu tun. Und sehr wahrscheinlich bin ich mir auch der Anwendung dieser Mittel gar nicht bewußt. So kann ich in den Klassen sehr viel oder fast unablässig reden, kann Schüler im unklaren lassen und verunsichern, kann mich in einem Fachjargon ergehen oder den Stoff schwieriger gestalten, als es notwendig wäre. Ich kann verschieben und verzögern, ironisch oder sarkastisch sein, Dinge nicht zur Kenntnis nehmen. Und ich kann ausblenden und vergessen und vieles andere mehr. Dazu kommen die Botschaften ohne Worte wie das Trommeln mit den Fingern, Seufzer und Blicke zur Zimmerdecke. Das ist, alles in allem, eine ganze Menge.

Viel ist schon geholfen, wenn mir etliche von diesen »Machtspielchen« bewußt werden. Die gestaltpädagogische Ausbildung legt auf dieses Erkennen, auf dieses Hinschauen zu mir selber, großen Wert und wendet daran viel Zeit in Übungen und Selbsterfahrung. Wahrzunehmen, was für ein Prozeß im Klassenzimmer abläuft, ist ein wichtiges Ziel. Mehr noch: Das eigene Selbst so zu stärken, daß ich seelisch in der Lage bin, viel von dieser »Macht« abzugeben...

Selbsterfahrung

Ein zentraler Bereich in der gestaltpädagogischen Ausbildung ist die Selbsterfahrung. Und zwar deshalb, weil ich die unerledigten Probleme aus meiner Lebensgeschichte, meine »blinden Flecke«, natürlich auch alle mit ins Klassenzimmer hineinschleppe. Ich kann sie schlecht oder gar nicht sehen, aber sie begleiten mich und hindern mich, solange sie nicht aufgearbeitet werden. Diese Aufarbeitung geschieht in der Selbsterfahrung.

Voraussetzung ist allerdings, daß ich mich »einlasse« und die inneren Widerstände überwinde. Nicht spontan sein können, sich selbst in den Vordergrund stellen müssen, Mißtrauen hegen, Schwierigkeiten mit Lächeln oder Ironie zudecken müssen, zur Nachgiebigkeit oder zur Weitschweifigkeit gezwungen sein und vieles, vieles mehr: Das sind Belastungen, die sich in jeder Unterrichtsstunde, wie böse Geister, hinderlich entfalten. Sie loszuwerden oder zumindest weniger unter ihnen zu leiden, das ist eine große Chance für jede Lebenssituation. Besonders aber für eine Lehrtätigkeit.

»Wir müssen ›heil‹ oder ›ein Ganzes‹ sein«, sagt Elisabeth Kübler-Ross in bezug auf Personen, die sich anderen wirklich zuwenden wollen. »Damit meine ich, daß wir unsere eigenen unerledigten Dinge so gut wie möglich bewältigt haben sollen.«

»Ein Ganzes sein«, das bedeutet, Ängste abgebaut haben, mit sich selbst ins reine gekommen sein, Wirklichkeitsbereiche nicht verdrängen, kontaktfähig sein, von sich absehen und auf die jeweilige Situation wirklich hinschauen können, guten persönlichen Stand besitzen, innerlich unabhängig sein, gelassen sein. Erreicht ist schon viel, wenn ich diesen recht ideal klingenden Zielen ein gutes Stück nähergekommen bin. Ein Prozeß, der Zeit braucht, der sich ständig fortsetzt. Es ist das berühmte »Wachsen«.

Diese Entwicklung zur »Ganzheit« hat etliche Namen. »Struktur« ist das Ziel oder »Einheit« oder »Gestalt« im Sinne von geschlossener Form. So ist auch die »Gestaltpädagogik« zu verstehen: dem Unterricht und den Personen, die an ihm beteiligt sind, soll die Möglichkeit gege-

»Sich selbst erkennen«

ben werden, zu einer in sich stimmigen Form, der »Gestalt«, zu finden. Sie geht in ihren geistigen Wurzeln in erster Linie auf den Psychologen Fritz Perls zurück. Das, was zur »Gestalt« fehlt, die verdrängten Teile der Persönlichkeit, wird »integriert«. Der Vorgang, vermittelt durch Selbsterfahrung, ist die Integration.

Für den Schulbetrieb ist diese meine Integrität sehr bedeutungsvoll. Denn es kommt darauf an, daß ich in der Klasse weder »herrsche« noch »beherrscht werde«. Daß ich also nicht Mittel wie Abwertung und Druck, Ironie oder ständiges Reden nötig habe, aber auch nicht dazu gezwungen bin, klein beizugeben und mich in ungute Lagen zu fügen. Die innere Gelassenheit schafft die Basis dafür, daß ich die Schüler nicht manipuliere, mich selber aber ebenfalls nicht manipulieren lasse.

Ich kann aber nicht plötzlich, mit einem Willensakt, ein neues Verhalten beschließen. In Wirklichkeit setzt dies eine Persönlichkeitsveränderung voraus. Nähe zulassen, die Wahrnehmung steigern, Ängste verlieren oder Druckmechanismen aufgeben: all das kann ich nicht einfach »durchführen«. Eine intensive, verändernde Arbeit an der eigenen Person muß vorangehen.

Deshalb führen Ratschläge in dieser Richtung, so gut sie auch gemeint sind, oft nur zu vordergründigem, aufgesetztem und nicht zu integriertem, innerlich wirklich neuem Verhalten. Beispielsweise wird in der Schrift eines Pädagogischen Zentrums unter dem an sich sehr begrüßenswerten Ziel einer »offenen Unterrichtsarbeit« empfohlen, die »Lehrerrolle« in folgender Richtung zu »verändern«: »stellt sich selbst in Frage«, »wünscht Initiative«, »vermeidet angsterzeugendes Klima«. Es hat jedoch tiefere Gründe, warum solches Bemühen nicht aufgegriffen oder nur ansatzweise verwirklicht werden kann.

Wenn sich der Wandel nicht von veränderten Persönlichkeitsstrukturen her vollzieht, geschieht nur äußerlich etwas anderes. Es wird dann lediglich die »Rolle« verändert und nicht die Person. »Initiativen wünschen« kann man nur, wenn man ihnen gegenüber ganz offen und angstfrei und flexibel ist. Ein »angsterzeugendes Klima« wird vielfach im Unterricht zwar nicht gewollt, aber eben dennoch produziert, weil die Ursachen in der Person des Lehrenden liegen. So greifen solche Empfehlungen zu kurz.

Oft wird an die Stelle stimmiger Persönlichkeitsbedingungen der Unterrichtsstoff gesetzt: »Wenn das Fach beherrscht wird, kommt die Beziehung zur Klasse von ganz allein.« Dieser Kontakt durch den Stoff ist aber gerade die Ursache dafür, daß die Schüler sich innerlich nicht angesprochen fühlen, daß sie die Schule als amtlich und den Lehrer als reinen Spezialisten erleben. Echtes Lernen ist nur möglich, wenn die emotionale Bereitschaft dazu bei den Schülern vorhanden ist. Sie wird durch die Lehrkraft geschaffen, die sich ihnen zuwenden kann, ohne sich mit Hilfe des Sachgebiets zu panzern.

Die erste Stunde

Nach den ersten Erfahrungen mit gestaltpädagogischer Ausbildung wußte ich noch nicht, was dabei wohl herauskommen würde. Noch verlief mein Unterricht »herkömmlich«, wie früher eben. Ich hatte auch noch Wut in mir über Teile der Ausbildung, die mir unangenehm waren. »Gerade das sind die wichtigen Teile«, so hatte es geheißen. Vielleicht richtig. Ich ließ das Ganze sich noch eine Weile »setzen«. So. Und nun?

Und dann habe ich eines Tages gespürt, daß ich es jetzt riskieren könnte, im Unterricht ganz anders anzufangen. Wie soll ich das beschreiben? Die wichtigste Änderung: Den Stoff in den Hintergrund! Ihn hatte ich sonst immer »vorndran« im Kopf gehabt, parat, um ihn gleich hinter der Tür hervorzukramen und auszubreiten. Natürlich habe ich gesehen, was im Zimmer los war, daß der Wasserhahn noch tropfte, daß Hefte zu Boden fielen und draußen ein Rabe am Fenster stand, der Hausrabe der Schule. Aber das alles waren mir nur Hindernisse auf dem Wege zu meinem Stoffgebiet. Also Wasserhahn zu, Hefte aufheben, weg mit dem Raben. Und vor allem bald anfangen. Die Zeit ist kostbar. Der Stoff! Kontakt durch den Stoff, Kontakt über den Stoff, Kontakt wegen des Stoffs.

Jetzt war ich entschlossen, den Stoff, den ich natürlich vorbereitet hatte, zunächst einmal ganz, wirklich ganz beiseite zu lassen und statt dessen hinzuschauen auf das, was ich da in der Klasse vorfand, was für eine Atmosphäre herrschte, welche Sorgen im Raum schwebten. Und zu spüren, ob die, die da im Klassensaal saßen, überhaupt bereit waren, sich auf so etwas wie mein Fach einzustellen, ob die vorige Stunde schon aus den Mauern verschwunden war ...

Im Vertrauen auf das, was sich durch die gestaltpädagogische Ausbildung inzwischen entwickelt hatte, riskierte ich es, einfach nur als Mensch dazusein, hinzusehen, den Kontakt aufzunehmen, mich zu öffnen, keinen Druck auszuüben, die Mechanismen zum schleunigen Fortgang im Sachgebiet außer Kraft zu setzen. Als Bild dazu fallen mir die Hände ein. Was ich früher mit ihnen getan hatte am Stundenanfang, das weiß ich nicht. Aber jetzt habe ich sie einfach geöffnet. Auf dem Schoß oder auf der Tischfläche geöffnet und gewissermaßen mit offenen Händen die Gruppe von Menschen an mich herangelassen und ihnen signalisiert: Ich nehme euch an, so wie ihr jetzt seid, ich habe keine Befehle dabei, ich will euch zu nichts zwingen. Was wir machen, das machen wir gemeinsam. Das kann mit meinen Plänen, die hinten im Kopf lagern, zu tun haben, muß es aber nicht. Ich fühlte mich wie beim Flug in Erwartung von Luftlöchern. Wie auf einem hohen Brett vor dem Sprung nach unten. Was würde passieren?

Das Wunderbare war nun: Die Klasse, eine sechste Klasse, hat die Änderung sofort bemerkt. Obwohl ich aussah wie immer und vermutlich auch dasaß wie immer, muß meine Bereitschaft zum Hinschauen und Hinhören gewissermaßen im Handumdrehen eine verständnisvollere, entspanntere Atmosphäre vermittelt haben. Ich war gänzlich erstaunt. Zum erstenmal saß ich in einer Klasse und war frei von der Fixierung auf ein sofortiges Vorhaben. Ein Gefühl der Ruhe überkam mich und brachte mich dazu, mich den »Problemen«, die im Raum waren, zu widmen, ohne in irgendeiner Weise die Uhr oder den Lehrstoff als Peitsche im Hintergrund zu fühlen. Vor allem war es kein Trick, um dann die Klasse um so mehr auf die Lernschiene zu stoßen. Tricks riechen Kinder ja sofort, und das Gefühl des Einverständnisses, das sich im Raum ausbreitete, zeigte mir, daß wir uns instinktiv sofort verstanden.

Im Kern ging es darum, daß die Atmosphäre angstfreier wurde. Das Loslassen vom Stoff, vom Druck, von Eile, von Maßnahmen, um die

Dinge »ins Lot zu bringen«, gab beiden Teilen, den Schülern wie mir, die Möglichkeit, nicht Funktionär in einer Rolle, sondern einfach Mensch zu sein. Kampf kostet Energien, und das Angebot, zuwendend miteinander umzugehen, macht diese Energien frei. Sie konnten sich nun im Unterricht positiv entfalten.

Denn das war die zweite erstaunliche Feststellung, die ich an dem Tage treffen konnte: Blieb die Zuwendung erhalten, auch während des Unterrichts, während des Umgangs mit dem »Stoff«, blieb immer der Mensch im Vordergrund, war der »Stoff« auch weiterhin für den Menschen da und nicht der Mensch das Objekt für den »Stoff«, dann war nicht nur der Anfang der Stunde anders, sondern der ganze Unterricht, und die Hände konnten im Prinzip offenbleiben.

Ich muß noch etwas zu dem Bild der Hände sagen. Ich hatte ein Vorbild dafür, die Hände eines meiner Ausbilder. Er hat uns mit solchen offenen, menschlichen Händen geführt, Zuwendung signalisiert und oft mit einer kleinen Bewegung neue Wege aufgezeigt, den Blick für die Situation geschärft und die Wahrnehmung sensibilisiert. Ich habe diese Eigenschaften auf meine Hände übertragen und gehofft, daß sie richtig verstanden werden.

Es war diese sechste Klasse, in der sich der Anfang von gestaltpädagogischem Handeln für mich zutrug. Anschließend ging ich in eine zwölfte Klasse und erlebte dort genau die gleiche Überraschung: Schlagartig änderte sich auch dort das Klima im Raum. »Es geht, es geht tatsächlich! Und es ist ganz gleichgültig, in welcher Klassenstufe du bist.«

Ich habe diesen ersten »neuen« Tag natürlich nie vergessen und bin jetzt, nach etlichen tausend Unterrichtsstunden, die dieser ersten folgten, glücklich darüber, den »Sprung« damals gewagt zu haben. »Es geht!«

Für sich selber sorgen

Du lieber Gott! Was wird mir armem Menschen bei solchen »Gestalt«-Methoden nicht alles zugemutet! Mit offenen Händen dasitzen und mich »waffenlos« dem aussetzen, was da aus dem Klassenzimmer auf mich zukommt. Ich bin ja ganz wehrlos. Werde ich gar zusammengehauen?

Nein, das nicht. Ich kann mich wehren. Aber nicht mit den »alten« Waffen, dem Notenbuch, dem Pensum, sondern mit Offenheit. Die Schülerinnen und Schüler haben das Recht, zu sagen, wie sie sich fühlen. Ich aber auch. Ich kann für mich selbst sorgen, ich muß es sogar. Dem Klima ist nicht gedient, wenn nun die duldende, passive Rolle auf mich übergeht, wenn ich »herunterschlucke« und ohnmächtig meinen Part und Anteil dahinschwinden sehe.

Ich sage vielleicht: »So, wie das jetzt zugeht, ist das für mich kein Weg, fühle ich micht schlecht.« Geben die Schüler zum Beispiel zurück: »Uns geht es bestens dabei«, so kann es viel zum gegenseitigen Verständnis beitragen, wenn die Rollen vertauscht werden. Ein Schüler übernimmt die Lehrerrolle, ich gehe auf seinen Platz, und er und andere merken, daß es »so«, mit solchem Ungleichgewicht, tatsächlich nicht geht.

Ich biete an, mich mit der Klasse im Kreis zusammenzusetzen und die Lage zu besprechen. Vermutlich bekomme ich auch Hilfestellung aus der Gruppe. Denn es sind stets Teilnehmer da, die ein wirklich offenes Angebot spüren und dem Mechanismus von Druck und Gegendruck entgehen möchten. »Wollt ihr Druck? Den könnt ihr haben!«: Das führt in die Sackgasse, für beide Teile. Ich tue mir dann ja selber weh. Ich »mache zu« und sehe gar nicht mehr die Möglichkeiten, die sich mir auch bei rauhen Situationen stets eröffnen. Statt dessen ist Gelegenheit, daß sich meine Gelassenheit auf die Schüler übertragen kann, wenn sie echt ist, also wenn weder Gleichgültigkeit noch unterdrückte Wut Anteil daran haben.

Ich spreche meine Gefühle einfach aus. So wie ich sehe, daß eine Schülerin schmollt und sich zurückgesetzt fühlt, und ich sie ermuntere, ein-

»Uns geht es bestens dabei«

fach anzusprechen, was ihr »stinkt«, so kann ich mir auch selbst Luft verschaffen. Alle sollen mit der Situation im Einklang sein, auch ich selber. Die hilflose Lehrkraft ist manchmal in einer ähnlichen Lage wie der »gute Mensch von Sezuan«. Aber auch bei Brecht heißt es: »Keinen verderben zu lassen, auch nicht sich selber...«

Ich spreche meine unguten Gefühle aus. Das Wichtige hierbei: Ich klage nicht an, erhebe keine Vorwürfe und beschuldige nicht. Denn das würde lediglich einen Teufelskreis eröffnen: Beschuldigung und Rechtfertigung, abgewandelte, neue Beschuldigung und abgewandelte, neue Rechtfertigung.

Ich muß gestehen, daß ich manchmal nicht gut für mich gesorgt habe. Im Bemühen, die Nöte der anderen zu sehen, habe ich doch manchen Brocken hinuntergeschluckt, obwohl ich es nicht wollte. Reichlich lange habe ich zugebracht, bis ich endlich die Mißstimmung, die sich in mir breitmachte, auch ansprach, und nicht immer im richtigen Ton.

Auch habe ich erst lernen müssen, mit dem »Mißlingen« eines Vorhabens richtig umzugehen. Früher habe ich, um dergleichen zu verhindern, die Anordnungen so getroffen und das Arrangement der Situation so hingebogen, daß das Mißlingen vertuscht wurde. Ich habe mich ihm nicht ausgesetzt.

Dieses Problem veränderte sich nun. Da wir die Vorhaben oft gemeinsam planten, brauchte ich mir ein »Scheitern« auch nicht mehr anzuhängen. Aber besser noch: Es geschah das für mich ganz Unerwartete, daß Dinge, die für meinen Geschmack »schlecht liefen«, für die Schüler zu einer ganz anderen, oft recht positiven Wertung führten. Ich war, wie ich feststellen konnte, der einzige »Unzufriedene« im Saal. Fragen an einzelne Teilnehmer oder Gruppen, ob ihnen das, was mir beispielsweise als »allgemeines Durcheinander« erschien, etwas gebracht habe, wurden mit positiven Ergebnissen belegt und als sinnvoll und gut bewertet. Ich habe daraus gelernt, mich viel weniger »absichern« zu müssen. Das komplexere Geschehen im gestaltpädagogisch orientierten Unterricht garantiert offenbar so viel Erlebniswert, daß die Schülerinnen und Schüler wesentlich leichter zu einem Ertrag kommen und ihn auch gefühlsmäßig annehmen können.

„Wir wollen heute..."

Wir wollen? Von wegen! Wir müssen, leider, denkt die Klasse, der Kurs. Die schmeichlerische Formulierung suggeriert eine Gemeinsamkeit, deren Vorhandensein mehr als fraglich ist.

Ganz konsequent geht auch in dieser Hinsicht Damaris Kägi-Romano an der Demokratisch-kreativen Schule in Schiltwald vor. Sie sagt zum Beispiel zu den Kindern: »Ich habe gestern beim Blättern im Buch ein Gedicht über den Frühling gefunden, das mir gut gefallen hat.« Und dann fragt sie jedes einzeln: »Möchtest du es hören?« Der Vorgang ist faszinierend. Denn die Kinder, an Hospitanten im Raum gewöhnt, antworten keineswegs gleichförmig oder artig bejahend, sondern teilweise zögernd, sich vergewissernd oder auch skeptisch, jedenfalls ganz individuell. Etwa: »Ich habe für Gedichte nicht viel übrig. Aber anhören würde ich es mir schon einmal«. Ein »Nein« war nicht zu vernehmen. Ich habe mir aber sagen lassen, daß in solchem Falle den Kindern die Möglichkeit geboten wird, sich im Raum anderweitig zu beschäftigen.

Den Mut zu solcher Einzelbefragung habe ich nicht gehabt. Ich habe die »Prozedur« gescheut, obwohl sie viel Interessantes zutage fördert. Das Problem der Mitsprache und Abstimmung verträgt aber viele Nuancen, und in Frage kommen eigentlich alle Methoden, die ohne rattenfängerische Absichten sind. Wenn mehrere Dinge zur Auswahl stehen, Texte etwa, so kann, nach Befragung und Erläuterung, abgestimmt werden. Desgleichen dann, wenn es um die Frage der Reihenfolge geht, um das momentane Interesse, um die Anknüpfung an irgendwelche Vorkommnisse oder um »Zwänge« des Schulalltags wie Termine oder Engpässe.

Worauf es ankommt, ist, daß die Schüler meine Offenheit spüren. Daß ich nicht im Grunde die Wahl schon längst getroffen habe und nur noch ein oder zwei Fragen stelle, damit der Angelegenheit ein demokratisches Mäntelchen umgehängt wird.

Selbstverständlich gibt es eine ganze Menge von Notwendigkeiten, wo eine Wahl gar nicht sinnvoll ist oder wo ich aufgrund des fachlichen Überblicks entscheiden muß. Bei genauem Hinsehen ist es aber erstaunlich, daß die Zahl von solchen »Notwendigkeiten« geringer ist, als man im allgemeinen denkt. Man vergegenwärtige sich, daß das Lernen außerhalb der Schule keine vom Lehrplan und vom Lehrbuch ausgeklügelte Reihenfolge kennt und dennoch zu erstaunlich guten Resultaten führt. Grundsätzlich beflügelt die eigene Entscheidung und Mitsprache, während eine auferlegte Abfolge eher hemmt.

Und wer führt im gestaltpädagogischen Unterricht? Die Antwort lautet zweifellos: die Lehrkraft. Sie hat das Wissen um die Zusammenhänge, hat die größere Erfahrung und bringt diese Vorgaben ins Gespräch ein. Aber sie kommandiert nicht, wertet vor allem andere nicht ab wegen Unkenntnis oder geringer Erfahrung, sondern stellt sich einem Klärungsprozeß darüber, welchen Kurs das Schiff, genannt Unterricht, steuern soll.

Erstaunlich ist bei Planungsgesprächen mit Schülerinnen und Schülern immer wieder, wie viele Anregungen und gute Gedanken von ihnen ausgehen. Vor allem sehen eben viele Augen erheblich mehr als zwei (auch wenn diese älter sind). Faire Verhandlungsführung, Chancen für eine Mitbestimmung... Offenbar befinde ich mich bereits mitten im Gebiet der Politik.

Bedenken, etwas Falsches zu sagen

Bedenken oder Ängste dieser Art sind verbreitet. Gerade die Schülerinnen und Schüler, die sie haben, müssen gestützt werden: die zaghaften, übersorgfältigen, vorsichtigen. »Wenn der Fred sich nicht hundertprozentig sicher ist, sagt er nichts.« Die Eltern kennen diese Schwierigkeit, von der sie im Gespräch mit Lehrkräften schon oft gehört haben.

Häufig liegt ein unangenehmes Erlebnis zugrunde. Vielleicht hat der Junge einmal etwas gewagt, was nur so halb richtig war. Da hat es womöglich räsonierend geheißen: »Das stimmt auch nicht!« Oder korrigierend: »Wer weiß es besser?« Und damit war die Klappe gefallen. Am dauerhaftesten wird sie natürlich durch schlechte Noten verschlossen. Eine nur mäßig richtige Antwort wird gegeben, und es heißt »4«. Das ist für jemanden, der auf eine »2« hofft, recht enttäuschend. Schlimmer aber ist, daß er sich sagen wird: Hätte ich nichts gesagt, hätte ich keine »4« bekommen. Also bin ich beim nächsten Mal schön still.

Solchen Mechanismus wieder außer Kraft zu setzen ist nicht einfach. Aufmunterungen wie »Du könntest dich ruhig mehr beteiligen« oder »Von dir habe ich schon lange nichts mehr gehört« fruchten schon wegen ihrer negativen Tönung nichts.

Aber auch freundlichere Formulierungen, während doch das Notenbuch vorn auf dem Tisch liegt, nützen wenig. Immer lauert ja die Gefahr der Bewertung, und ihr gilt es zu entgehen. Die Enge der Situation und die Angst, die sich entfaltet, haben nicht nur sprachlich miteinander zu tun.

»Hätte ich nichts gesagt...«

Demokratie von unten

Eine »Demokratie von oben«, die haben wir. Nach dem Zweiten Weltkrieg bekamen wir sie von den Westmächten sozusagen geschenkt. Mit allem Zubehör hat sie sich etabliert: Mit demokratischen Parteien und freien Wahlen, mit dem Wechselspiel von Regierung und Opposition, mit Präsident und Verfassungsgericht. Sicher hat sie große Schwächen. Zum Beispiel die, daß nicht mit den Menschen an der Basis wirklich diskutiert wird, sondern daß Funktionäre wortreich über die Bürger hinwegreden. Horst Eberhard Richter zeigt das anschaulich in seinen »Engagierten Analysen«, in denen er zugleich darüber berichtet, wie eine Änderung und Belebung vor sich gehen könnte. Dennoch funktioniert das System im ganzen, bei einem vergleichenden Blick in die Welt, verhältnismäßig gut und erweist sich als bemerkenswert stabil.

Ebenso wichtig aber, ja wichtiger noch, ist eine »Demokratie von unten«, die Demokratie am Fundament: in der Familie, im Betrieb, in der Schule. Funktioniert sie? Natürlich muß es Entscheidungsbefugnisse geben aus Gründen des Sachverstands, der Verantwortung. So entscheiden die Eltern richtigerweise vieles für ihre Kinder. Aber es kommt auf den Geist an, in dem das geschieht, und auf die Art, in der es vor sich geht. Sehr gut können auch die jüngsten Mitbürger schon unterscheiden zwischen einsichtig gemachten, vernünftigen Maßnahmen und Bevormundung, Willkür oder gar Bosheit.

Ein besonders lohnendes Feld für die »Demokratie von unten« ist die Schule. Damit, daß im Fach »Politik« oder »Sozialkunde« etwas über den Aufbau von politischen Organen zu hören ist und hin und wieder Schülersprecher gewählt werden, ist keineswegs viel getan. Die eigentliche Bewährungsprobe geht nicht bei der Übernahme von Wissen vor sich, sondern beim Umgang miteinander.

Wenn Jugendliche erleben, wie erst schöne Theorien dargeboten werden und anschließend die Prüfung über solches Wissen in ironischer Weise abgehalten wird, ist alles verspielt. Hinter dem meisten »Frust«, hinter der Ablehnung und der Wut, hinter den vorgebrachten und den unterdrückten Beschwerden steckt fast immer das Erlebnis, als Mensch und Person nicht ernstgenommen worden zu sein, einen als ungerecht empfundenen Druck erlebt zu haben.

Die Fairneß, die mit den gestaltpädagogischen Methoden verknüpft ist, lohnt sich doppelt: Die Gemeinschaft erlebt sich als eine Gruppe mit partnerschaftlicher Haltung, und ihre Mitglieder haben es nicht nötig, angestaute Gefühle des Unmuts irgendwo anders wieder loszuwerden und dabei die Reihe von Unterdrückungen selber fortzusetzen. Ein eminent politisches Kapitel!

Das Wort weitergeben

Wie kann ein offeneres Klima entstehen? Als ein zentrales Element hat sich mir durch die gestaltpädagogischen Impulse geradezu aufgedrängt, als Lehrer stark zurückzutreten und keinesfalls das Ping-Pong-Spiel von Frage und Antwort und Lehrerwort und Schülerwort weiter mitzumachen.

Die Nachteile des Ping-Pong charakterisiert eine Schülerin nach ihrem Abitur so: »Der Lehrer ruft auf, und die Schüler geben ihre Argumente beim Lehrer ab. Und der zuerst etwas gesagt hat, den interessiert auch nicht, was die anderen sagen. Ein Gespräch ist das gar nicht. Das merkt man auch daran, daß sie sich nicht anschauen.«

Das geänderte Verfahren sieht so aus: Auf die Frage »Wie ist der Text bei euch angekommen?« melden sich Heike und Christoph. Ich gebe das Wort an Heike, sie sagt, was ihr gefallen oder mißfallen hat, und dann gibt sie das Wort an Christoph weiter. Christoph variiert die Sache ein bißchen und leitet das Gespräch an Sigrun weiter, die ihm widerspricht. Danach kommt, von Sigrun ins Spiel gebracht, Robert zum Zuge. Ich höre zu und bin erst wieder »dran«, wenn sich die Sache erschöpft hat oder schiefläuft oder wenn ich als Fachmann gefragt bin.

Dieses Wort-selber-Weitergeben habe ich in allen Kursen und Klassen angeboten. Unabhängig von der Sitzordnung (die Schüler drehen sich dann so herum, daß sie sich beim Sprechen sehen können), am liebsten aber im Kreis. Es ist immer gern aufgegriffen worden. Und zwar nicht als Auflockerungsübung (»Heute machen wir einmal eine Wortkette«) oder zur Abwechslung oder als Bonbon für irgend etwas, sondern als ständige Einrichtung, als feste Gewohnheit, als selbstverständlicher Umgangsstil.

Die Wirkung ist vielfältig. Es entsteht ein enges Geflecht von Äußerungen. Nicht mehr Einzelantworten auf Einzelfragen sind es, sondern es entwickelt sich ein wirkliches Gespräch. Die Beiträge nehmen Bezug aufeinander, ich bin nur ein Teilnehmer von vielen. Der Zwang oder die Versuchung für den Lehrer, die »Antworten« auf seine »Fragen« zu bewerten oder zumindest mit »nicht schlecht« oder »na ja« zu kommentieren, entfällt.

Auch sind die Teilnehmer nun viel stärker motiviert, sich ins Gruppengeschehen einzuordnen, hinzuschauen, wer sprechen möchte, sich zu merken, wer schon häufig zu Wort kam, auch Wortmeldungen schüchternerer Art wahrzunehmen.

Und zu registrieren, wenn sich manche Gesprächspartner das Wort immer untereinander weitergeben und dadurch andere gewollt oder ungewollt ausschließen. Ich habe eine solche Situation zwar nur selten erlebt. Aber wenn sie auftauchte, war es kein Problem, die Teilnehmer auf die Einseitigkeit aufmerksam werden zu lassen.

Auch die in der pädagogischen Literatur jetzt häufiger diskutierte Erscheinung, daß die Jungen den Löwenanteil des Gesprächs und der allgemeinen Aufmerksamkeit auf sich ziehen und die Mädchen in den Hintergrund drängen, kann, wenn sie zutrifft, durch das gemeinsame Hinschauen auf die Situation in fairer Weise offengelegt und gelöst werden.

Natürlich habe ich mich zunächst darum gesorgt, wie ich bei dieser Methode zu meinen »wichtigen Unterrichtsergebnissen« komme. Wie ich zum »Naturalismus« oder zur »Montagetechnik« hingelange. Aber ich habe festgestellt, die Sorge ist überflüssig. Die Diskussion, die lebhafte Teilnahme fördert so viel zutage, daß die »Ergebnisse« kommen. Zwar nicht in einer bestimmten Reihenfolge und vielleicht in einer etwas anderen Formulierung, aber sie kommen. Das Engagement erhöht die Treffsicherheit erheblich. Im übrigen ist eine bestimmte Reihenfolge ja auch nicht zwingend, und die ganz genaue Formulierung, den Begriff, die gängige Benennung kann ich nachreichen.

Vor allem sind die Jugendlichen das Gefühl los, nach einer Sache fahnden zu müssen, die ich mir in den Kopf gesetzt und vielleicht erst gestern einem schlauen Buch entnommen habe. Sie äußern sich dadurch, daß der Rahmen jetzt ganz offen ist, viel freier und kommen auf gute Ideen und Ansätze. Erweiterung statt Einengung.

Nicht zuletzt ergibt sich durch diese Form der Gesprächsführung für zaghafte Kursteilnehmer auch eine gute Möglichkeit, ihre Bedenken zu überwinden, sich überhaupt zu äußern. Da ich als ständige Ansprech- und Kontrollperson aus dem Spiel bin, erscheint es auch nicht mehr als gefährlich, etwas in die Debatte zu werfen. Es zeigt sich nämlich, daß an so gut wie jedem Beitrag etwas »Brauchbares« ist, das weiterverwendet wird. Gerade auch querliegende Gedanken und Randbemerkungen geben Anlaß zu Präzision und Klärung. In diesem Sinne gibt es eigentlich nichts »Falsches«. Eine entscheidende Voraussetzung aber für ein solch offenes Gespräch ist die Atmosphäre einer weitgehend benotungsfreien, partnerschaftlichen Gesamtsituation.

„Ohne den Notendruck"

Noten, Zensuren müssen sein. Müssen sie sein? Bei den Schulanfängern gibt es zunächst nur die allgemeinen Bemerkungen. »Aber bei Frau Z. gibt es schon Noten!« Das gilt vielfach als gutes Zeichen: Dort wird etwas geleistet. »Die Schüler wollen das. Sie wollen wissen, wo sie stehen.« Also nun Noten, Rechnen gut, Lesen ausreichend. Nur bei den Waldorfschulen gibt es keine Ziffern, sondern differenzierte Auskünfte in Worten über das Gesamtbild und die fachlichen Schwerpunkte.

Die Noten, die sonst überall das Bild beherrschen und zumeist auch das eigentliche Ziel der schulischen Bemühungen darstellen, passen ja auch gut zur Leistungsgesellschaft. »Überall im Leben« wird bewertet, nach Leistungen abgestuft: Lohn und Gehalt, Beförderung und Entlassung.

Eine wichtige Rolle bei der Notengebung spielen die Klassenarbeiten. Sie müssen solide vorbereitet werden, damit alle Teilnehmer eine gute Chance haben. Aber sie sollen den Unterricht nicht beherrschen und terrorisieren. Ein sehr gutes Mittel dazu sind die später noch ausführlich beschriebenen »Übungen mit Datenschutz«.

Der Schwerpunkt der Übungen liegt darauf, daß ein solches Training nicht langweilig wird. So können die Namen italienischer Städte auf ausgeteilten Zettel-Landkarten eingetragen oder vornotierten Punkten zugeordnet werden. Oder jeder schreibt zehn Städtenamen auf Papierstreifen, und ein Partner klebt sie auf der Zettel-Landkarte dorthin, wo sie nach seiner Meinung liegen müßten.

Oder die Länge russischer Flüsse ist mit Fäden darstellbar, nach vereinbartem Maßsystem, und wird der vergleichsweise geringen Länge von Rhein und Elbe gegenübergestellt. Oder die Faustskizze von der Gestalt Griechenlands kommt erst aufs Übungspapier und wird anschließend, in anderer Farbe, von der nun ausgerollten Wandkarte abgemalt und dadurch überprüft und korrigiert.

Farben und Formen, Papier und Schere, Leim und Fäden, Wissenslisten und Merktricks: Je kreativer, je abwechslungsreicher, desto besser, weil die kommende Arbeit um so weniger Angst hervorruft. Die besten Anregungen zu den Übungen stammen oft von den Schülerinnen und Schülern selbst.

Schließlich kommt dann die Klassenarbeit an die Reihe – die Übungen haben den Unterricht aber nicht beherrscht, sondern oft nur den Charakter von Trainingsrunden gehabt. Nun gibt es Noten, gute und weniger gute. Das Gefühl sollte herrschen, daß gemeinschaftlich viel getan wurde, um möglichst alle Schüler zum Erfolg zu führen. Und daß die Zeit vor der Arbeit trotzdem nicht eine einzige, angstmachende Plackerei gewesen ist.

Freier als im »Schriftlichen« ist die Notengebung bei der »mündlichen« Leistung oder in einem Fach, in dem keine Klassenarbeiten vorgeschrieben sind. In beiden Fällen kann der »Notendruck« deutlich aus dem direkten Unterrichtsbetrieb entfernt werden, so daß die Atmosphäre nicht so eingetrübt wird.

Eine mögliche Lösung des Problems ist eine Beurteilung der allgemeinen mündlichen Leistung nach einem längeren Zeitabschnitt, die mit den Schülern im Hinblick auf eine einigermaßen gerechte Wertung besprochen wird und auf allem basiert, was sich an Eindrücken aus dem Unterricht ergibt: den Beiträgen, Einfällen, Anregungen oder Problemlösungen.

Die Notengebung befindet sich am besten in möglichst weiter Ferne, weil die Offenheit und die unbeschwerte Möglichkeit der Beteiligung dann um so größer ist. Die Schüler machen die Erfahrung, daß sie »notenmäßig« um so besser dastehen, je engagierter sie sich für die Kunde von anderen Ländern oder für die Pflanzenwelt ihrer Umgebung oder für sonst einen Unterrichtsgegenstand erwärmen.

Damit die Basis dieser »mündlichen« Note objektiver wird, findet hin und wieder eine »Stichprobe« statt, also eine kurze schriftliche Darlegung von Wissen, deren Modus vorher besprochen wird.

Der Unterricht soll fließen und nicht durch die Erteilung von Noten den Charakter einer ständigen Prüfung tragen. Also nicht das Abhören nach Noten, das Aufsagen nach Noten, das Vorlesen von Hausaufgaben nach Noten. Das Notenbuch in meiner Hand, mit dem Finger auf der entsprechenden Seite, gleich wird es heißen »Kerstin« oder »Martin«, vielleicht kommt auch die Carola dran, das Notenbuch verdirbt sozusagen die ganze Stunde.

Denn es waltet nicht nur lohnend oder strafend in der eigentlichen Prüfungszeit, vielleicht am Anfang der Stunde, sondern kann ja stets wieder auf dem Plan erscheinen für irgendeine andere Leistung, die es zu bewerten gilt. Oder es hat die fatale Wirkung, daß das Folgende, wenn die Not mit den Noten vorbei ist, erleichtert als das weniger Wichtige wahrgenommen und allenfalls als Auftakt zu künftigen Prüfungen verstanden wird. So wie es schon bei Thomas Mann in den »Buddenbrooks« beschrieben wird: »Und als es mit den Produktionen der Schüler zu Ende war, hatte die Stunde auch jedes Interesse verloren.«

In der leeren Aula

Durch Zufall kommt in einem Deutschkurs, Klasse 11, bei einem Gespräch heraus, daß praktisch niemand ein Gedicht auswendig kann. Allenfalls ein Vierzeiler von Wilhelm Busch ist im Gedächtnis, ein paar Takte »Max und Moritz«, in Bruchstücken etwas von Marie Luise Kaschnitz, Teilchen von Fontanes »Ribbeck«. Das ist alles, was an Versen in den Köpfen lagert. Sehr, sehr wenig. Allgemeines Bedauern. Und der Wunsch, daran etwas zu ändern. Ein paar Gedichte zu können.

Um die Lerntechnik in Gang zu bringen, biete ich einige Balladen zur Auswahl an, Balladen von Schiller, der ohnehin »behandelt« werden muß. Leichter und schwerer lernbare, für die verschiedenen Geschmäkker und Ansprüche. Alle Texte, die ich verteile, sind noch unbekannt. Zwei Wochen sei die richtige Zeitspanne zum Lernen, so der allgemeine Konsens.

Als das Gelernte vorgetragen werden soll, sitzen wir an Tischen im Kreis herum. Niemand, so zeigt sich, möchte sich hinter seiner Verschanzung vorwagen und »auftreten«, und so ertönen die Texte wie aus der Versenkung heraus. Gelernt, heißt es hinterher in der Besprechung, haben die meisten nicht ungern, können auch die Strophen. Aber das Sprechen hat im Sitzen nicht viel Spaß gemacht. Hat wenig Ausstrahlung. Vielleicht ist es besser, sich zu stellen, freier in der Bewegung zu sein?

Daraus entsteht eine zweite Runde. In einer beliebigen Pose, irgendwo im Raum, steht jeder nun bei »seinem« Vortrag, mit Bewegungsmöglichkeiten für die Arme (sie hatten vorher meist auf dem Tisch geruht), mit Gesten. Das ist etwas ganz anderes, so empfinden alle. Der Körper muß mitmachen. Auch hat die Stimme im Stehen mehr Resonanz, der Bauch ist nicht eingeklemmt.

Um bei den nächsten Gedichten, anderen, auch vielen modernen, eine größere Auswahl für die Postierung und noch mehr »Luft« zu haben, schlägt jemand vor, in die Aula zu gehen, wo die große Bühne ist. Wieder vergehen etwa zwei Wochen mit der Wahl und dem Lernen. Aber dann ist es soweit, und die Truppe bewegt sich tatsächlich in den Theaterbau.

»Für keinerlei Publikum«

Nur das Bühnenlicht machen wir an, der Riesensaal mit den 600 Plätzen ist fast schwarz. Nacheinander, in freier Reihenfolge, sucht sich jeder, ich auch, irgendwo auf der Bühne oder auf der Treppe einen geeigneten Platz und spricht in den großen Raum hinein. Setzt mitunter auch ein paarmal an, bis die Sache im Ton für ihn richtig ist. Die anderen sitzen verstreut und lauschen.

Eine eindrucksvolle Probiererei. Von Hofmannswaldau bis Ulla Hahn. Und es geschieht für keinerlei Publikum und erst recht für keinerlei »Wertung«, nur für jeden selber. Eine Szene, die sehr viel Zusammengehörigkeit schafft und sich fest ins Gedächtnis setzt.

Mein Fach ist das wichtigste

Soll ich um die Stellung meines Faches kämpfen? Es verteidigen gegen Eingriffe anderer Fachgebiete? Sein Gewicht herausstreichen?

Nein, die Wertschätzung ergibt sich aus der Stimmigkeit der Unterrichtsbedingungen, aus einem vertrauensvollen Klima. Dabei spielt es keine Rolle, ob es sich um ein »Langfach« handelt oder um ein »Kurzfach«, ob es eine Sprache ist oder eine Naturwissenschaft, ob Erdkunde oder Biologie.

Im Gegenteil: Ich kann sozusagen an andere Fachgruppen noch abgeben. Und zwar in der Form, daß durch Berührung mit Verfahren oder Stoffgebieten anderer Disziplinen das Fach Deutsch auch mit Musik Verbindung erhält, Physik mit Leibesübungen, Geschichte mit Zeichnen.

Auch beim Maß von Hausaufgaben kann ich beweglich sein und anderen Fächern den Vortritt lassen, wenn zum Beispiel dort Arbeiten vor der Türe stehen. Urteile wie »Es war immer Zeit genug, die Hausaufgaben zu erledigen« sind wichtige Rückmeldungen. Das heißt, es war immer Zeit zu Besinnung und Sorgfalt, es herrschte keine Hetze. »Einfach dadurch, daß die Hausaufgaben verschoben werden konnten und man ein Mitspracherecht hatte, ist man als Schüler sehr aufgewertet worden.« Solche Rücksichten – die Aufgaben wurden ja nicht gestrichen, sondern nur zeitlich günstiger plaziert – tun dem »Betriebsklima« sehr gut und kosten nichts, sie erfordern nur ein wenig Flexibilität im Planen.

Es gibt eigentlich keinen Grund, ein Fach höher zu bewerten als ein anderes. Daß dieser ungute Gedanke überhaupt existiert, liegt an der Schulbehörde. Sie wertet Fächer auf durch hohe Zahlen von Klassenarbeiten und Wochenstunden. Und sie stuft herab durch reine Mündlichkeit der Leistungen und durch dünne Ziffern in der Stundentafel. Ganz besonders unglücklich ist die weitverbreitete Einstellung, Musik und bildende Kunst (oder auch noch Leibeserziehung) rangierten noch unterhalb der übrigen »Nebenfächer«. Ganz deutlich kann man an dieser Haltung ablesen, daß der Rang des Faches an dem Druck gemessen wird, den es auf die Schüler ausübt: Viel Druck = wichtig, wenig Druck = unwichtig.

Aus diesem Teufelskreis gilt es herauszukommen. Im übrigen trifft ein solcher Mechanismus auch noch innerhalb ein und desselben Fachgebiets zu. Viel Druck (etwa die Zeit vor einer Klassenarbeit) = wichtig, wenig Druck (es ist Zeit, ein paar Gedichte durchzunehmen) = unwichtig.

Aber wie dem entgehen? Durch Wegnehmen des Drucks. Durch Aussparen der Sätze von der »Wichtigkeit gerade dieses Fachs oder Fachgebiets«. Durch Abmindern der Rolle von Klassenarbeiten, indem man ihnen nicht gestattet, den Gang des Unterrichts regelrecht zu beherrschen. Schließlich sind sie nichts weiter als Leistungsnachweise zu einem bestimmten Zeitpunkt und werden leider durch den Zwang zur Vorankündigung (Familienpanik) und zur juristischen Absicherung künstlich aufgeblasen.

Was ich aber tun kann: Dem Druck standhalten. Ihn nicht an die Klasse weiterreichen, sondern sie in ihrem Selbstvertrauen stärken: »Ihr schafft das«, »Wir können das«. Es ist ja eine Tatsache, daß manches schlechte Ergebnis gar nicht so sehr auf Wissenslücken beruht als auf Sorgen und Befürchtungen.

Mit dem Körper lernen??

Die Schule ist etwas ziemlich Verkopftes. Während Kinder von sich aus einen starken Bewegungsdrang haben, müssen sie im Klassenzimmer zumeist sitzen und schreiben, sitzen und zuhören. Der Körper kommt beim Lernen kaum vor. »Wir haben den Körper nur im Turnen bemerkt«, heißt es bezeichnenderweise bei einem Rückblick auf die Schulzeit. »Höchstens noch in den Fächern, wo Chaos herrschte, da sind wir herumgelaufen...«

So habe auch ich die Schule erlebt, als Schüler wie als Lehrer. Daß man auch »mit dem Körper« lernen kann, habe ich in der gestaltpädagogischen Ausbildung zum ersten Male vernommen. Zur allseitigen Entwicklung, so hieß es da, gehört nicht nur die »kognitive Ebene«, die Wissensaufnahme mit dem Kopf, die fast allein die Schulszene beherrscht, und der »emotionale Aspekt«, der durch das Zulassen von Gefühlen, durch Offenheit und Zuwendung spürbar wird, sondern eben auch der körperliche: das ganze Potential des Menschen, Körper, Seele und Geist.

Das Einbeziehen der körperlichen Ebene, so hörte ich nun, verankere das Aufgenommene auch viel fester im Gedächtnis. Ich war verblüfft. Aber auch bei Erich Fromm las ich: »Um sich in der Welt zu Hause zu fühlen, muß der Mensch sie nicht nur mit dem Verstand, sondern mit allen Sinnen erfassen, mit seinen Augen, seinen Ohren, seinem ganzen Körper. Er muß mit seinem Körper das, was er in seinem Gehirn denkt, ausagieren. Körper und Geist können in dieser Hinsicht sowenig wie in irgendeiner anderen Hinsicht voneinander getrennt werden.«

Zögernd habe ich mich an einen Versuch herangewagt, auf einem Gebiet, auf dem der Körper normalerweise nur mit den Bewegungen der Schreibhand beteiligt ist: dem Gebiet der Rechtschreibung. Und zwar bei dem vertrackten Kapitel der drei verschiedenen S-Laute, die uns der Duden bislang vorschreibt, s, ss, ß. Erschwert wird die Sache durch vielerlei Regeln. So wechselt die Schreibung von ss und ß je nach Länge des Selbstlauts und nach der Stellung im Wort. Das s kann man daran erkennen, daß es stimmhaft ist. Aber das gilt nur bei der Stellung zwischen zwei Selbstlauten. Und in Süddeutschland stimmt auch diese Regel nicht.

In einer 6. Klasse verhalf mir ein Schüler zu der Idee, wie das Problem zumindest vereinfacht und veranschaulicht werden kann. Er monierte, daß an der dreiteiligen Wandtafel in gleicher Entfernung Worte mit den drei verschiedenen S-Lauten aufgeschrieben waren, obwohl doch »ss« und »ß« viel enger zusammengehörten als mit dem »s«. Völlig richtig.

Ich übertrug nun seine Idee von der Tafel auf den Fußboden und von den Schreibhänden auf den ganzen Körper. Alle Tische und Stühle trugen oder schoben wir beiseite und zogen mit Kreide drei Linien durchs Zimmer: Eine ganz links für das »s«, die beiden anderen auf der rechten Seite, viel enger zusammen.

Zuerst hieß die Aufgabe: Die richtige Linie wählen, sich auf die richtige Linie stellen. Worte mußten gesucht werden, bei denen das s/ss/ß zwischen Selbstlauten steht. Entsprechend postierte sich die Schar:

    lösen   passen   grüßen

Wenn hochdeutsch gesprochen wird, ist die Sache klar herauszuhören. Eine Auflockerungsübung sozusagen, die durch die Bewegung sofort animierte und dazu anregte, möglichst schnell auf der richtigen Linie zu erscheinen.

Aber dann kam eigentlich erst der richtige Spaß an der Angelegenheit. Jeder, der »dran« war, durfte die Meute zwischen ss und ß flott hin- und herjagen:

Oder, noch besser:

die Küsse
    sie küßt
    er küßt
wir küssen
    der Kuß
die Küsse

Der Wunsch, möglichst bald »richtig« zu stehen, hat die Ohren besser für die Stellung des S-Lauts im Wort geschärft als alle vorherigen Schreibübungen. Vor allem ging offenbar der ständige Wechsel zwischen den beiden benachbarten Linien »unter die Haut«.

Das Vergnügen war aber genauso groß auf der anderen Seite:

lesen

wir lesen

ihr lest

das Lesen

leserlich

Lesebuch

sie liest...

Mit keinen noch so schmeichelhaften Worten, die anderen beiden Linien doch, bitte schön, auch zu betreten, ließ sich die Gesellschaft von der Stelle bewegen, von dem einen oder anderen zaghaft ausgestreckten Fuß zum Spurt nach rechts abgesehen. Eine körperliche Dokumentation der Tatsache, daß Wörter, die sich »nur« mit s schreiben, dies in allen Formen und Variationen beibehalten.

»Die Wirkung war erstaunlich«

Die Wirkung dieser »simplen« Methode war erstaunlich. Die Beteiligung des Körpers, das Hin und Her im einen Falle und das spaßige Ausharren im anderen, bewirkte eine solche Verankerung dieser Grundregeln im Gedächtnis, daß bedeutend weniger Fehler passierten und »Ordnung« in die Sache kam. Natürlich erschienen diese Linien nun auch im Heft und halfen sehr, die Wörter mit richtiger Schreibung aufzustellen, auch bei den Hausaufgaben. Und eine solche optische Schreibarbeit machte auch mehr Spaß. »Bewegung« sozusagen noch im Heft.

Die gefürchtete Grammatik

Allenthalben sind Klagen zu hören über geringe grammatische Kenntnisse. Das soll »früher« anders gewesen sein. Wurde mehr »gepaukt«? War man »konsequenter« oder »weniger abgelenkt«? Wie dem auch sei, grammatische Kapitel lösen jedenfalls heute in den Klassen vielfach Wehklagen aus, und schon dieses Klagen verhindert, daß sich wesentliche Besserungen einstellen.

Im übrigen ist die Klage über geringe Erwärmung für Grammatik begleitet von entsprechendem Bedauern über Defizite in »Vokabelkenntnissen«, »Geschichtszahlenkenntnissen«, »topographischen Kenntnissen«, also formalen Kenntnissen ganz allgemein.

Erleichtern die Lehrbücher die Aufnahme von grammatischen Regeln? Oft wirken ihre Sätze trocken. Manchmal sind sie auch schwer verständlich. Immerhin versuchen die Verfasser, der Darstellung grammatischer Befunde durch optische Mittel Schwung zu verleihen. Sie nehmen Kästchen und Pfeile zu Hilfe, Kurven und Kreise, Schraffierungen und Farben. Diese größere Anschaulichkeit ist zweifellos hilfreich.

Man kann aber noch einen Schritt weitergehen und auch hier die körperliche Bewegung direkt einbeziehen, die Darstellung durch den Körper selbst. So beim Satzbau. Sätze sind etwas Lebendiges, bestehen aus Wörtern (darstellbar durch Personen), die eine bestimme Rangordnung haben (sich oben oder unten befinden) und Verbindungen miteinander eingehen (sich an den Händen halten).

Dabei macht es keinen Unterschied, welches grammatische Modell man wählt. Vielmehr kommt es darauf an, daß die Schüler diese Positionen der Satzteile körperlich erleben. So erfahren sie, daß die Wörter im Satz in einer bestimmten Funktion erscheinen und daß es von dieser Funktion abhängt, wo sie postiert sind und welche Verbindungen zu ihnen hergestellt werden können.

In einer 5. Klasse spielte sich dieser körperlich erlebte Satzbau so ab: Der Satzkern besteht aus Subjekt und Prädikat. Diese beiden Satzteile haben den höchsten Rang, also erscheinen sie »oben« (stehen auf den Tischen, Stühlen oder auf dem Boden, je nach Absprache und Mobiliar). Dabei schreibt das Subjekt dem Prädikat vor, ob es in der Einzahl oder in der Mehrzahl steht. Dies wird durch den Arm ausgedrückt, den es ihm auf die Schulter legt.

Die Objekte und Adverbialbestimmungen hängen vom Prädikat ab, also rangieren sie eine Etage tiefer (sitzen auf den Tischen, Stühlen oder am Boden). Die Abhängigkeit wird dadurch hergestellt, daß das Prädikat sie an den Händen hält, wie Kinder, die geführt werden müssen.

Das alles ging in Gruppen vor sich, in denen – mit großem Eifer – die »Sätze« aufgebaut wurden. Sehr leicht war an der Art, wie die Gruppe sich formiert hatte, für mich zu erkennen, ob die »Lösung« stimmte. Die »Aufgaben« wurden von den Kindern oder von mir genannt oder an die Tafel geschrieben.

Innerhalb der Gruppen wechselten die Kinder unaufhörlich die Satzteile, so daß jeder mal »oben« und mal »unten« auftauchte. Großer Spaß bei Sätzen mit vielen Objekten und Adverbialbestimmungen. Sie hängten sich nun an die einzelnen Finger des Prädikats – nebenbei ein sehr anschauliches Bild für überladene Sätze. Auch wurde die wichtige Rolle des Prädikats im Satz sehr deutlich dadurch, daß so vieles von ihm abhängt, »an ihm hängt«.

Das Ganze wurde in zahlreichen Variationen geübt, natürlich auch mit den beliebten Unsinnsätzen. Das »Durcheinander«, das zunächst fast immer entstand, tischauf, tischab oder stehend und am Boden, entpuppte sich aber immer wieder als durchaus sinnvolles und emsiges Üben.

Nun noch die Attribute! Kinder hatten den Einfall, sie durch »Fähnchen« darzustellen. Sie holten sich also aus der »Fähnchenkiste« ihre zugehörigen Attribute einfach ab und hielten sie dann in der Hand. Eine genügende Menge von Fähnchen war übrigens schon am nächsten Tag zur Stelle, herangeschafft aus der Sparkasse und aus dem Supermarkt. Bald war auch diese Übung so vertraut, daß auf den Fähnchen die verschiedenen »Sorten« notiert werden konnten: Adjektiv-Attribut (Adj.), Genitiv-Attribut (Gen.) usw.

Die Fähnchen waren das einzige Arbeitsmaterial, das wir brauchten. Diese grammatischen Turnübungen schufen einen sehr intensiven Bezug zu dem sonst als so »trocken« empfundenen Stoffgebiet. Die Positionen im Satz waren erlebt worden, die Fähnchen in der Hand gewesen. Die beiden auffälligsten Ergebnisse: Eine sehr hohe »Erfolgsquote« bei der Überprüfung dieser Grundkenntnisse und eine hervorragende Verankerung im Gedächtnis.

Übrigens sahen auch die Übungshefte in den verschiedenen Klassenstufen sehr phantasievoll aus. Gern wurden die fähnchenschwingenden Leute hineingemalt, je nach Geschmack ausführlich oder stilisiert, nur mit Tinte oder in Color, bis hin zu fast künstlerischen Darstellungen. So hier bei dem Satz: »Der Onkel aus Wien begrüßt seine Freundin auf dem leeren Bahnhof.« Die Abkürzungen entsprachen dem Lehrbuch: S für Subjekt, P für Prädikat, O 4 für Akkusativobjekt und AO für Adverbiale des Ortes. Wie man sieht, stimmt die bildliche Umsetzung nicht ganz mit der genauen Reihenfolge der Wörter im Satz überein. Diese leichten Abwandlungen haben aber fast nie zu Fehlern in der grammatischen Bestimmung geführt. Das Entscheidende bei allen Übungen war deshalb stets die richtige Wiedergabe der Funktion.

Von dieser Basis aus fiel den Kindern der Schritt zur Abstraktion, zum grammatischen Schema, recht leicht. Insgesamt jedenfalls entpuppte sich das Kapitel als eine gute Möglichkeit, tatsächlich »mit dem Körper« zu lernen.

In Deutsch mag das ja gehen...

In Deutsch, ja, aber doch nicht in Erdkunde. In der friedlichen Klasse a, aber doch nicht in der wilden b. In der Unterstufe vielleicht, aber doch nicht bei älteren Jahrgängen. Und nicht in unserem Kollegium, bei dieser Elternschaft, in meiner Situation.

Richtig ist schon, daß etwas »Neues« immer ein paar Wellen schlägt. Es gibt eigentlich aber nur eine Instanz, die große Schwierigkeiten macht. Die die Berge des Widerstands eher noch höher aufschaufelt. Das ist das liebe eigene Ich. Draußen, in der Wirklichkeit, ist sehr viel mehr möglich, als man zunächst glauben mag.

»... auch im Fach Physik«

Ich war sehr erstaunt, als ich während der Ausbildung eine Physikstunde miterlebt habe, und zwar in der Rolle eines »Schülers«. Physik kannte ich von früher her im wesentlichen aus der Sicht der Schulbank: Wir saßen da und hörten zu oder nicht, traten wohl auch ans Pult und erblickten ein Experiment oder probierten an den zur Verfügung stehenden Geräten etwas aus.

Jetzt, beim Thema »Schwerpunkt« und »Schwerkraft«, waren wir selbst der Ausgangspunkt der Beobachtung. Zuerst erprobten wir, allein stehend, wie weit wir unseren Körper beugen konnten, wie bald wir nach vorn oder hinten gezogen wurden und allerlei Muskeln anspannen mußten, um nicht umzukippen. An dieser Stelle der Lektion war übrigens deutlich, daß das Ganze ebensogut eine Biologiestunde hätte werden können, ausgehend von den Erfahrungen, die man mit seinen Sehnen, Bändern und Muskeln macht.

Aber es blieb bei Physik. Wir bildeten Zweiergruppen, und nun konnten wir, im Vertrauen auf den Partner, der uns auffing, riskieren, unseren Schwerpunkt so zu verlagern, daß wir kippten. Noch nie hatte ich diese Vorgänge, die doch schon millionenmal abgelaufen waren, so intensiv betrachtet. Mein Interesse war vollständig geweckt. Die körperliche Erfahrung brachte einen engen Bezug zum Thema mit sich, der auch erhalten blieb, als sich das Ganze dann auf physikalisch-mathematische Gesetzmäßigkeiten zubewegte. Es »ging« also auch im Fach Physik.

Aus den Fachbereichen Musik und Naturkunde habe ich ebenfalls ein Beispiel erlebt und in Geschichte und Sozialkunde selbst unterrichtet. Die gestaltpädagogische Literatur kennt Berichte aus allen Wissensgebieten. Eine grundsätzliche Einschränkung durch das Fach oder die Altersstufe oder die Schulform gibt es nicht.

Karl der Große und Karl Marx

Das Fach Geschichte bietet so manche Gelegenheit zu »szenischer« Darstellung, vor allem durch die zahlreichen interessanten Quellentexte, bei denen man zugleich sicher ist, auf zuverlässigem historischem Boden zu wandeln. So macht es einen großen Unterschied, ob der Inhalt einer politischen Proklamation nur durchgearbeitet oder in einer kleinen Szene dargeboten wird.

Das christliche Taufgelöbnis etwa, das den »heidnischen« Sachsen nach der Besiegung durch Karl den Großen aufgezwungen wurde, kann von einem »Priester« vorgesprochen und von den »Täuflingen« nachgesprochen werden. Viel deutlicher wird dadurch der Charakter der Unterwerfung, denn der Priester steht natürlich aufrecht, während der Täufling (oder die Schar der Täuflinge) sich beugen muß. Außerdem liegt ein sprachlicher Gewinn in der Szene, weil »Altdeutsch« geredet wird: »Gelôbistu in Got...?« »Ec gelôbo in Got...«

Man kann den Stoff auch dadurch beleben, daß die Aufgabe, sich mit den Verhandlungen und Ergebnissen des Kongresses oder Friedensschlusses Soundso vertraut zu machen, nicht »ganz allgemein« gegeben wird, sondern mit der speziellen Richtung, die französische, englische oder russische Position zu betrachten oder sich zu eigen zu machen. Das Interesse an der Sache steigt sogleich durch die »Parteinahme«. Auch führt manchmal bereits dieser kleine Schwenk im Ansatz zu dem Wunsch nach detaillierteren Kenntnissen, weil die Lehrbücher, sobald genauer hingeschaut wird, nicht mehr ausführlich genug sind.

Ganz offen ist das Arrangement, wenn keine bestimmte historische Szenerie im Hintergrund steht, etwa bei Auseinandersetzungen allgemeiner Art, wenn es um weltanschauliche Differenzen geht. Vielleicht beim Für und Wider um die Lehre von Karl Marx, ohne die die Geschichte unseres Jahrhunderts nicht zu verstehen ist. Auch hierbei kann ein simples Umräumen der Möbel Wunder wirken: Sitzen auf der einen Seite des Raumes die »Kapitalisten« und gegenüber die »Marxisten«, bekommt die Sache sofort Farbe und Reiz, beflügelt die Aktivität – und bleibt wesentlich besser im Gedächtnis.

»Belehrung und Bekehrung«

Entscheidend ist immer die Verlebendigung des Stoffes. Denn es ist doch ein niederschmetterndes Ergebnis, wenn gutwillige junge Leute nach etlichen Jahren Fachunterricht feststellen, daß sie eigentlich so gut wie nichts behalten haben. Für anstehende Kontrollarbeiten haben sie den Stoff in sich hineingebüffelt und ihn nach der Überprüfung sogleich wieder vergessen.

Der König ruht im Klassenzimmer

Wie bekommt man den Glanz ins Zimmer, den der Hof Ludwigs XIV. entfaltet hat, wie die Vormachtstellung, die der König innehatte? Der Ausgangspunkt (Geschichte, Klasse 8) war die Überlegung, wodurch überhaupt ein Mensch sich über die anderen erheben kann. Zu diesem Thema haben natürlich alle Schülerinnen und Schüler schon viel Wissen und Erfahrungen. Schmuck, schönes Haus, tolles Fahrzeug, kostbare Kleidung, vornehmes Auftreten, das alles wurde sogleich genannt, auch herausgehobene Stellung und Dienerschaft. »Er hat viel zu sagen«, »Es stehen viele unter ihm«.

Im Lehrbuch abgedruckt war die berühmte Szene aus der Feder des Herzogs von Saint-Simon, wie Ludwig XIV. aufsteht. »Um acht Uhr früh weckte der erste Kammerdiener den König, worauf der Aufstehende Weihwasser nahm und ein Gebet sprach. Inzwischen waren die Prinzen des königlichen Hauses und einige Vertreter des höchsten Adels eingetreten. Es kamen die vier Minister, die Vorleser, Apotheker, Ärzte, die Silberbewahrer, einige Offiziere und Kammerdiener.« Die Rede ist weiter von den Kirchenfürsten, Gesandten, Marschällen, die Einlaß erheischen und dabei sein wollen, wenn der »Höhepunkt der ganzen Zeremonie« kommt: Der König zieht das Nachthemd aus, und die zweithöchste Person im Staat darf ihm das Taghemd überreichen.

»Der König lagerte auf einem Tisch«

»Habt ihr Lust, diese Szene zu spielen?« Ich dachte eigentlich an Vorbereitungen für einen Auftritt mit entsprechender Ausrüstung in der nächsten Stunde. Aber der Drang zur sofortigen Durchführung war viel stärker. Zu meiner Überraschung erlebte ich, wie in großer Geschwindigkeit und mit viel Einfallsreichtum die Requisiten hervorgezaubert wurden. Aus Halstüchern entwickelten sich Umhänge für Würdenträger. Aus einem Essenslöffel und einem Stuhlkissen entstanden die Utensilien des Silberbewahrers. Der König lagerte auf einem Tisch, die Vorhänge wurden zugezogen, und ein Glöckchen für den Beginn der Szene war ebenfalls vorhanden.

Ich hegte allerdings die Befürchtung, daß bei soviel neckischer Improvisation die rechte Würde fehlen könnte. Aber ich hatte mich getäuscht. Alle Eintretenden waren äußerst respektable Persönlichkeiten, voller Devotion in Richtung zum Monarchen, und das Gefühl, dabeisein zu dürfen, erfüllte den Raum.

Die Atmosphäre stimmte absolut. Aber sie hatte viele wichtige Voraussetzungen: Das Spiel war kein Lückenfüller, sondern wesentlicher Teil, es herrschte kein Zeitdruck, kein Notendruck und kein Leistungszwang, das erforderliche angstfreie Klima also.

Die »Beteiligung des ganzen Menschen« am Vorgang hatte auch die Wirkung, daß sich der Auftritt fest ins Gedächtnis eingrub. Fünf Jahre später, beim Abitur, erinnerten sich Teilnehmer: »Ich weiß noch genau, wir haben die Zeremonie nachgespielt. Ich war Diener und habe den Wasserkelch morgens gebracht. Alex war der König. Das Ankleiden, alles ging ziemlich spontan vor sich.«

Während Hunderte und Tausende von Fakten in Vergessenheit geraten, setzen sich solche Szenen im Gedächtnis fest. »Das, was körperlich erlebt worden ist«, habe ich mir in der Ausbildung bei Thijs Besems notiert, »bleibt Jahre in Erinnerung.« Ich kann das nur bestätigen.

Manöverkritik

Sehr wichtig ist die Manöverkritik. Am Ende einer Stunde oder nach einer ganzen Serie der Blick zurück: »Wie war das für euch?« Die im Raum herrschende Atmosphäre ist entscheidend dafür, ob offen, locker, mit dem Ziel besseren Verständnisses und ohne Vorwürfe gesprochen wird.

»Mir hat nicht gefallen, daß...«, »Ich habe mich bei ... gelangweilt«, »... fand ich toll« sind persönliche Wertungen, die man sich weit eher anhören und tolerieren kann als Vorwürfe wie »Ingrids Zusammenfassungen sind Unsinn« (hier wird die attackierte Person noch nicht einmal angeredet) oder »Das mit den Zeitungsausschnitten war ganz falsch«. Solche vorwurfsvollen, als allgemeingültig formulierten Äußerungen verletzen und produzieren Rechtfertigungen.

Aber es lassen sich auch Puffer einbauen, damit die Situation sich nicht erhitzt. »Schreibt auf den grünen Zettel, was euch etwas gebracht hat, und auf den roten, was bei euch nicht gut ankam! Nennt auch die Gründe!« So eine konzentrierte Besinnung auf das Verflossene ist meist sehr produktiv. Das Gedächtnis schleicht sich in die verschiedenen Winkel der Stunden zurück. Alle sind beteiligt. Die Zettel bleiben anonym. »Unterstreicht die Hauptpunkte, damit das Wesentliche klarer zum Ausdruck kommt.«

Wohin mit den Zetteln? Sie gleich zu verlesen und zu diskutieren, ist eine Möglichkeit. Oder Schüler übernehmen zur nächsten Stunde die Auswertung und tragen die Ergebnisse zusammengefaßt vor. Meist ergeben sich sehr klare Hauptrichtungen in den Reaktionen.

Oder Gruppen tauschen die Zettel untereinander aus und kommen im Gespräch über das Aufgeschriebene zu ihren Ergebnissen. Der Gewinn solcher Kritik ist vielfältig. Alle erleben sich als Mitarbeiter am weiteren Fortgang der Dinge, werden in ihrem Empfinden ernst genommen und helfen verhindern, daß der Betrieb einseitig wird oder in einer Sackgasse endet.

Brief an Fontane

Manchmal spielt einem auch der Zufall Situationen für eine Rückmeldung in die Hand. Es kommt eine Schülerin mitten im Jahr neu in die Klasse und nimmt das, was geschieht, sozusagen mit einer fremden Optik wahr, aus dem Blickwinkel ihrer bisherigen Erfahrungen. Sie kann aus der Distanz heraus mit Sicherheit Hinweise geben und die Sicht auf das Geschehen beleben, da sie nicht unter Betriebsblindheit leidet. Oder es schneit eine Gruppe von Ausländern als Besucher in den Kurs hinein.

Gelegentlich genügt auch ein guter Einfall. In einem Deutschkurs, Klasse 12, war Fontanes Roman »Irrungen, Wirrungen« gelesen und besprochen worden, eine ganze Reihe von Stunden hindurch. Mir war als gute Möglichkeit des Abschlusses und Rückblicks nichts eingefallen. In der »Planung« der Stunde ließ ich einfach eine Lücke. Alle saßen nun da mit dem Text auf dem Tisch. Man konnte spüren, daß viele noch an irgend etwas dachten, was mit dem Roman und seinem Autor zusammenhing. Aber es fehlte der richtige Impuls. Plötzlich kam mir eine Idee: »Habt ihr Lust, einen Brief an Fontane zu schreiben?«

Sofortige Zustimmung und Losschreiben waren fast eins. Aus den vielen originellen Rückmeldungen, die dann fotokopiert als Erinnerung verteilt wurden, hier eine Auswahl:

Hallo!

Lieber Herr Fontane!!

Theodor,

Sehr geehrter Herr Fontane!

Das Thema in Ihrem Roman ist zeitlos.

Neben ernsteren Abschnitten fand ich es sehr positiv, daß es auch lustigere Passagen gab (Käthe, Frau Dörr).

Mir hat gut gefallen, daß fast alles - jede Szene, jedes Bild usw. - eine Bedeutung für den gesamten Verlauf der Handlung hatte.

Man erinnert sich wieder daran, daß man auf äußere Dinge nicht so viel Wert legen soll, wie es viel zu viele tun. Vielmehr wünscht man sich, ein paar Züge von Lene zu haben.

Schade, daß Sie keinen Roman über die Menschen heute, im 20.Jahrhundert, schreiben können.

Ihr Roman ist jetzt 100 Jahre alt, und trotzdem habe ich mich genau in diese Situation versetzen können.

Vielen Dank, daß Sie sich nicht in langen, "bedeutungsgeschwängerten" Naturbeschreibungen ergangen haben!

Überhaupt fand ich es gut, daß so viel wörtliche Rede, Gespräche und auch Selbstgespräche (Botho) vorkamen. Ein großes Lob dafür, daß Sie mir die Zeit, aus der der Roman stammt, sehr nahegebracht haben.

Die Problematik mit den Standesunterschieden ist heute wohl nicht mehr so aktuell; aber das soll nicht heißen, daß der Roman uninteressant war.

Mir war es sehr interessant zu lesen, wie Sie sich mit allgemeinen Themen, die eigentlich zeitlos sind, auseinandersetzen. Mit diesen Themen meine ich Liebe, Gesellschaft und Bildung.

Ich denke mir manchmal, ein Schriftsteller muß von allen Charakteren, die in seinen Büchern vorkommen, irgend etwas selbst in sich haben. Deshalb hätte ich Sie sehr gerne kennengelernt.

Viele Grüße

Es grüßt Dich vielmals

Alles Liebe!

Weiter so!

Übungen mit Datenschutz

Beileibe nicht Szenen und Aufführungen in jeder Woche oder gar in jeder Stunde! Nein, vielmehr auch lesen und lernen, erzählen und diskutieren, erarbeiten und aufschreiben, auswerten und ausarbeiten. Und üben. Und nochmals üben. Gute Unterrichtsergebnisse und feste Kenntnisse sind auch im gestaltpädagogisch orientierten Unterricht wichtige Ziele.

Die Übungen aber so, daß niemand wegen »schwacher Leistungen« negativ auffällt als einer, der es »immer noch nicht kapiert« hat. Das Wesentliche: Es wird niemand bloßgestellt.

Eine Möglichkeit dazu sieht folgendermaßen aus: Der vervielfältigte Übungszettel, auf dem die Aufgaben stehen, zusammengestellt von der Lehrkraft oder einem oder mehreren Schülern, wird ausgeteilt, aber nicht mit dem Namen versehen, sondern mit einem Kennwort. »Schreibt irgendein Hauptwort hinten auf den Bogen!«

Dann geht die Übung vonstatten, und wieder ist es sehr wichtig, daß wirklich ausreichend Zeit für alle vorhanden ist, mit der Sache zu Ende zu kommen oder sie noch einmal zu überprüfen. (Natürlich gibt es daneben auch »flotte Runden«, mit dem ausdrücklichen Ziel der schnellen Lösung und mit dem Stoppsignal als Schlußpunkt.)

Alle Schüler stehen nun mit ihrem Bogen auf, gehen im Saal herum und legen ihn auf irgendeinem anderen, etwas entfernten Arbeitsplatz ab. Jeder findet also bei der Rückkehr zu seinem Platz ein fremdes Produkt vor, auf dem »Affe« steht oder »Berlin«. Und wenn die Korrektur der Übung beendet ist und die Fehler oder ausgelassenen Antworten markiert sind, habe ich die Möglichkeit, mir einen völlig neutralen Überblick darüber zu verschaffen, wie gut die Sache »sitzt«. Alle Angaben über die Fehler werden ja von denen gemacht, die korrigiert haben. Sie melden fremde, nicht eigene Fehler. Oft genügt schon ein summarischer Überblick: »Wer hat weniger als fünf Fehlerstellen gefunden?«, »Sind mehr als zehn Abweichungen vorgekommen?« Solche Fehlerzahlen werden nicht auf die Bögen notiert (nur die Fehlerstellen sind markiert), natürlich erst recht keine »Zensuren«.

»Es wird niemand bloßgestellt«

Und dann begibt sich die Gesellschaft erneut auf Wanderschaft und holt sich den eigenen Bogen (alle Bögen liegen mit der neutralen Rückseite auf den Bänken) wieder ab. So sieht jeder, was er noch nicht sicher kann, ich habe einen Überblick über den ungefähren Stand der Dinge, und doch ist niemand mit dem Stempel einer – womöglich schlechten – Note versehen worden. Diesen »Datenschutz« mögen die Schüler sehr gern, weil er auch spielerische Elemente enthält: das Kennwort, die Wanderungen, die Spannung auf den wiedergeholten eigenen Zettel.

Ebenso wichtig wie das Fehlen von notenähnlicher Kontrolle ist die Abwechslung, mit der solche Übungen vor sich gehen. Je öfter das Stoffgebiet umgeformt wird und von einer anderen Seite als Anforderung auftritt, desto interessanter ist die Angelegenheit. Lückentexte, Ankreuzverfahren, Auswahlpunkte, Aufgaben der Reihenfolge oder Wichtigkeit, Blitzlichter oder Anstreben von Vollständigkeit, das alles bei Formeln oder Vokabeln oder Sachwissen oder Grammatik: Der Phantasie sind keine Grenzen gesetzt.

Erfahrung

Wissen und Erfahrungen: Dazwischen besteht ein großer Unterschied. Das Wissen wird vermittelt, durch Schule, Bücher, Fernsehen etwa. Erfahrungen hingegen kann man nicht vermitteln, man muß sie machen. Dabei ist die ganze Person beteiligt, alle Sinne. Die Schule wird als um so unangenehmer empfunden, je mehr sie eine Anstalt reiner Wissensvermittlung ist. Dann wird »nichts erlebt«. Es ist »nichts los«. Hier liegt wohl auch der Grund dafür, daß jede »Aktion« so ungeheuer begrüßt wird. Auf der einen Seite die Wissensaufnahme, auf der anderen das emotional voll ausreifende Erlebnis, bei dem reichlich Erfahrungen gemacht werden. Vor allem Erfahrungen, die man sich positiv vorstellt: das Sommerfest, die Aufführung, bei der man mitwirkt, die Projektwo-

»Was man schon einmal erlebt hat«

che, der Wandertag. Solche Veranstaltungen gelangen häufig in einen unguten Gegensatz zum »normalen« Unterricht, der dadurch erst recht als »langweilig« abgewertet wird.

Diese Kluft muß nicht so tief sein. Einmal läßt sich, wie schon dargestellt, die Wissensvermittlung durchaus mit Erlebnissen koppeln, bei denen Erfahrungen gemacht werden. Das Erspüren des eigenen Schwerpunktes ist eine solche Erfahrung, von der der Unterricht dann ausgeht. Aber auch von früheren Erfahrungen kann er zehren. Es ist sehr auffällig, wieviel lebhafter die Schüler sind, wenn sie von etwas sprechen, was sie schon einmal erlebt haben. Miene und Gestik be»leben« sich, die Augen teilen die Stimmung mit, die geherrscht hat. Aus diesem »Schatz von Erfahrungen« kann der Unterricht schöpfen. Das hat zugleich den großen Vorteil, daß das Leben im Klassenzimmer Einzug hält. Denn in vielen Lehrbüchern kommt recht wenig davon zum Ausdruck. Da heißt es nur: »Du hast gewiß schon einmal davon gehört, daß die Eskimos Häuser aus Schnee haben...« Aber damit sind wir wieder beim Wissen.

Die lieben Medien

Die Medien der Gestaltpädagogik? In erster Linie die Ausdrucksmittel des Körpers selbst: Miene, Gestik, Stimme, Bewegungsabläufe. Damit läßt sich vieles darstellen. Dann Schere und Papier, Stift und Kreide, Stuhl und Tisch, Wand und Tür. Das Hauptziel ist die Entfaltung der schöpferischen Phantasie, und es versteht sich eigentlich von selbst, daß sich die Mittel um so besser eignen, je weniger ausführlich und vollständig sie sind.

Radio, Recorder, Fernseher und Videogerät sind nützliche Helfer, wenn sie die aktiven Kräfte wecken, wenn sie stimulieren, Einstiege schaffen. Viele Kinder aber kennen eine andere Art der Verwendung: Das Radio oder der Recorder läuft den ganzen Tag, in der Wohnung und im Auto, in

»Stift und Kreide, Stuhl und Tisch«

der Bahn und beim Spaziergang. Vom Benutzer wird weiter nichts verlangt, als daß er möglichst lange konsumiert. So ist es gar nicht leicht, im Unterricht plötzlich diese Medien gezielt und kreativ, also verhältnismäßig kurz einzusetzen.

Durch die Massenhaftigkeit ihres Auftretens und ihre Alltäglichkeit ist allerdings den elektrisch betriebenen Medien die Faszination etwas abhanden gekommen. Darum hat es auch wenig Sinn, mit dem Massenkonsum in Konkurrenz zu treten. Wenn täglich, wie die Umfragen ermitteln, mehrere Filme verschlungen werden, steht die Schule ziemlich blaß da: Sie vermehrt diese Reihe lediglich um einen weiteren Titel. Vor allem hat ein solches Produkt, alsbald überlagert durch viele andere, wenig Chancen, im Gedächtnis zu bleiben.

Noch am besten eignet sich deshalb die »eigene Produktion«, weil man auf diese Weise ans andere Ende der Leitung gelangt, weg vom Konsum und hin zum Aufnahmeteam. Die selbst erarbeitete Pantomime, mit Video aufgenommen, wird »gesendet« und kritisch beurteilt. Fremdsprachliche Textstücke, auf Kassetten festgehalten, werden auf die Aussprache und die Intonation hin überprüft. Lückentexte kann der eine Sprecher, der »Sender«, präparieren, und der »Hörer« ergänzt sie dann je nach seinem Wissensstand. Kassetten mit wichtigem Lernstoff können produziert und als Gedächtnistraining immer wieder einmal »gesendet« werden.

Oder wesentliche Teile eines Films prägen sich durch wiederholte »Vorführungen« wirklich ein. Doch täusche man sich nicht: Das eigene Tun ist jeder Wiedergabe überlegen. Darum ist das Einüben des Spiels der wichtige Teil und nicht die Video-Wiedergabe, so stolz das Team auch sein mag. Und die eigene, noch so unvollkommene Leistung ist um vieles wertvoller als die noch so perfekte Konserve aus fremden Studios. Wenn das erlebt wird, ist ein wichtiger Beitrag dazu geleistet, nicht dem Konsum anheimzufallen...

Momentaufnahme

Einen Eindruck von dem, was ohne jedes Requisit möglich ist, gewinne ich eines Tages in einem Deutschkurs, Klasse 11.

Die Kurzgeschichte »Ein schöner Tag« von Gabriele Wohmann steckt voller Ironie. Sie hat das blasierte und verlogene Gehabe eines gutsituierten Ehepaares zum Inhalt, das allen möglicherweise anstrengenden Kontakten aus dem Wege geht. Die Kursteilnehmer haben die wenigen Seiten im Reclam-Heft zu Hause gelesen. Im Gespräch zeigen sie sehr schnell auf, wie hohl die kulturelle Fassade dieser Eheleute ist und mit welchen schriftstellerischen Mitteln die Autorin dies darstellt.

Kann man das nicht spielen? Sehr gutes Echo auf meinen Vorschlag. Bald stehen vier Mini-Szenen fest, die in Frage kommen: »Herr Beier wird abgewimmelt«, »Abschied von Lambert«, »Die Verwandten stoßen aufs leere Nest«, »Im Museum«. Wir erfinden noch einige Rollen hinzu, damit für jeden eine vorhanden ist.

Drei Gruppen begeben sich auf die Suche nach leeren Zimmern oder Winkeln im Gebäude, wo sie ein bißchen üben können, die vierte bleibt im Raum. Ich pendle von einer Truppe zur anderen und höre bald überall den sehr treffenden und aufreizend kritischen Unterton der Schriftstellerin heraus. Nach einiger Zeit das Signal: Wir sind soweit, und die kleine »Vorstellung«, nun wieder im ursprünglichen Saal, kann beginnen.

Der Ton der Erzählung steckt so präzise in den gesprochenen Sätzen, in Mimik und Gesten, daß ich ganz verblüfft bin. Aus dem Stand ist alles fast perfekt. Soll das nicht festgehalten werden? Nein. Wollen wir es nicht dem Parallelkurs vorführen? Nein. Oder ergänzen mit weiteren Wohmann-Szenen? Nein, nein. Wieder bin ich erstaunt, auch voll Bedauern. Aber der Kurs hat ganz recht: Es ist eine gelungene Momentaufnahme und keine Konserve zu irgendwelcher Nutzanwendung.

Die leisen Töne

Bei Szenen und spielerischen Übungen geht es natürlich locker und auch laut zu. Insgesamt ist mir aber die gestaltpädagogische Richtung als eine Arbeit mit leisen Tönen erschienen. Das Hinhören aufeinander und das rücksichtsvolle Umgehen miteinander erzeugen eine freundliche Atmosphäre, in der man auch Untertöne wahrnehmen kann. Und da Phasen der Nachdenklichkeit und Besinnung nicht selten sind, ist es öfter vorgekommen, daß jemand dachte, der Raum, in dem wir uns befanden, sei leer, öffnete die Tür und gewahrte zu seinem Erstaunen einen ganz ruhig versammelten Kurs, im Kreis sitzend, bei dem offenbar keine Lehrkraft vorhanden war.

Leise Töne aber auch nach draußen. Natürlich wußte die Leitung der Schule (Nordpfalzgymnasium Kirchheimbolanden) von dem »speziellen pädagogischen Ansatz« und zeigte freundliches Verständnis. Und das Kultusministerium in Mainz hatte diese Weiterbildung als förderungswürdig anerkannt und zu den Kosten einen »geringen Zuschuß« gewährt. Aber an der Schule blieb die Sache ziemlich unauffällig, was ganz meinem Wunsch entsprach.

Trotz der »etwas ungewöhnlichen Methodik« konnte ich guten Schulterschluß halten mit parallel unterrichtenden Kolleginnen und Kollegen und die Klassenarbeiten pünktlich schreiben. Auffällig war allenfalls, daß die »Ergebnisse«, also die Noten, recht erfreulich aussahen. Sie hielten aber bei Vergleichen oder Überprüfungen, etwa bei Lehrerwechsel, in Parallelarbeiten, im Abitur oder bei den Kontrollen der Schulleitung, durchaus stand und erwiesen sich als angemessen.

Bei den Schülern und ihren Eltern habe ich fast immer freundliches Einverständnis und dankbare Rückmeldungen erlebt. Den Begriff »Gestaltpädagogik« und den theoretischen Hintergrund habe ich im Unterricht nie erwähnt. Deswegen war ich ganz überrascht, wenn dennoch so etwas wie ein System erfühlt wurde und hier und da zum Ausdruck kam. So bei dieser Darstellung in graphischer Form aus der Abiturzeitung '89:

»Eilig trete ich in die Klasse«

Hilfe, ich werde mit meinem Stoff nicht fertig!

Bedenken dieser Art beschleunigen meine Schritte durchs Schulhaus, damit keine Sekunde verlorengeht. Eilig trete ich in die Klasse, gleich soll es anfangen. Aber ich erreiche damit oft nur das Gegenteil: Der Druck, den ich verbreite, teilt sich den Schülern unangenehm mit und verschließt ihre Gemüter. Diese Wirkung kann ich auch während der Stunde erzielen durch Stoßseufzer wie »Wir sind wieder im Stoff zurück«, »Wir müßten schon bei Lektion 12 sein« und dergleichen Äußerungen mit negativer Ausstrahlung.

Warum die Eile? Der Lehrplan löst sie aus. Zweifellos steht vieles darin an Zielen und Inhalten. Und die Zahl der Behinderungen, ihn zu erfüllen, ist schier endlos. Besuch aus dem Ausland und Wandertag, Hitzefrei und Grippewelle, defekte Heizung und Feueralarm und Sommerfest, so geht es durch das ganze Jahr. Und nun auch noch gestaltpädagogischer Zeitverlust durch Ruhe und Geduld, Warten und »Spielchen« zur Veranschaulichung? Dafür reicht die Stundenzahl schon gar nicht aus. Also her mit dem nächsten Stoffgebiet...

Nein, diese Eile ist trotzdem nicht nötig. Das Problem mit der Stoffmenge ist im Grunde keine Zeitfrage, sondern eine Frage des Bewußtseins. Mit Hektik ist es nicht zu lösen. Schon deshalb nicht, weil eingepeitschte Ergebnisse nicht haften und allenfalls eine rein äußerliche Pflichterfüllung zustande kommt, die im Klassenbuch dokumentiert ist. Nur ruhiges Zutrauen, Zuspruch und eine positive Grundhaltung können wirklich aufbauen.

Das ist ganz ähnlich wie mit dem Lob. Nirgends steht geschrieben, daß der Rand von Klassenarbeiten nur für Korrekturen da ist, also für das Monieren von Dingen, die nicht in Ordnung sind. Ebensogut kann an geeigneten Stellen auch stehen »gut«, »schön«, »flüssig formuliert«. Jeder Mensch freut sich über ein Lob. Es gibt keinen Grund, es dann, wenn Anlaß dazu vorhanden ist, nicht freigebig auszuteilen.

Das Lob spendet doppelten Segen: Es erfreut zunächst einmal unmittelbar das Gemüt und erwärmt es. Es verbessert damit wiederum die Atmosphäre in der Gruppe, vorausgesetzt, ich teile es nicht parteiisch und berechnend aus. Und dann merkt sich jeder natürlich die Stellen, die so nachweislich »gut« gelungen sind, und baut auf dieser positiven Linie weiter. Der vorurteilsfreie Umgang mit dem Lob ist eine der wichtigsten Gaben, die ich in die Klasse mitbringen kann.

Es gilt also, den Druck wegzunehmen und statt dessen das Vertrauen in die Leistungsfähigkeit zu stärken. Aus diesem Zutrauen heraus ist es auch möglich, »Trainingsrunden« zu veranstalten, also konzentrierte Phasen von Wiederholung und Pauken, immer variabel gehalten und nicht ohne einen kleinen Quatsch, damit das Ganze nicht zu trocken gerät.

Denn es stimmt ja, was die »Alten« sagten, daß die Wiederholung die Mutter der Weisheit ist. Das fortgesetzte »Durchnehmen des nächsten Stoffes« und das Gefühl, mit letzter Kraft Lücken aufholen zu müssen, lassen oft dieses wichtige Mittel der Repetition wegfallen. »Dafür haben wir keine Zeit.« Umgekehrt müßte es heißen: »Das machen wir immer wieder. Dann brauchen wir auch nicht zu befürchten, daß alles wieder vergessen wird.«

Schließlich gibt es noch ein Mittel gegen die Angst, mit dem Plan nicht zurechtzukommen. Beim Militär heißt es: »Wer alles verteidigt, verteidigt nichts.« Entsprechend ließe sich hier sagen: Wer alles, was der Plan verlangt, in voller Breite lehren will, lehrt viel zuviel, also gewissermaßen nichts. Es geht um Schwerpunkte, Akzente.

Deutliche, wirklich haftende Bilder, wie sie die Gestaltpädagogik fördert, sind ein derartiges Kapital des Gedächtnisses, daß sich daran ohne große Schwierigkeiten das übrige anknüpfen läßt. Zu klagen, daß man sich beeilen müsse, und gleichzeitig zu wissen, daß fast alles wieder vergessen wird, ist ein Teufelskreis, aus dem man heraustreten sollte.

Die „Extras"

»Extras« sind das, was nicht nötig ist. So wie ein Blumenstrauß an einem x-beliebigen Tag, ganz ohne besonderen Anlaß, Überraschung und Freude auslöst, so gibt es auch im »spröden« Schulalltag Gelegenheit, die berühmte kleine Aufmerksamkeit loszuwerden. Ich kann zum Beispiel, wenn ein Kitschroman gelesen und auf seine Schreibtechnik hin studiert werden soll, statt die Exemplare durch irgendwen auf die Bänke werfen zu lassen, das Bündel in schönes Geschenkpapier wickeln, mit einem Schleifchen versehen und auf einen Stuhl mitten ins Zimmer legen, mit Andacht. Es darf geraten werden! Und später aufgeknüpft. Das ist schon alles. Aber die Zuwendung, die in der Szene steckt, gehört als kleines Mosaiksteinchen mit zu dem großen Gebiet der emotionalen Wärme, die dem Schulklima so besonders guttut.

Oder ich kann eine Reihe von verschiedenen Gedichtfotokopien, statt sie herumzugeben und der Reihe nach vom Stapel wegnehmen zu lassen, in Briefumschläge stecken – nun sehen sie alle gleich geheimnisvoll aus – und auf zeremonielle Weise ziehen lassen. Der poetische Anlaß paßt dazu nicht schlecht.

Oder ich gestalte die Übungszettel für Vokabeln, Begriffe, Merkzahlen oder Namen nicht absolut nüchtern, sondern lege, bevor ich sie fotokopiere, das Bild eines Cartoons mit auf die Vorlage. Und ich erlebe vermutlich, daß das Schmunzeln bei der Lösung der Aufgaben mithilft.

Oder ich mache aus einem kurzen Blick ins Reich der Wortherkunft (Etymologie) ein kleines Gewinnspiel. Jeder darf aus einer Büchse zwei Zettel ziehen, auf denen ganz normale Wörter stehen: Kupfer, Zweig, Brille, Kloster, Weihnachten, Pfirsich.

Es handelt sich um etymologisch leichter und schwerer zu erklärende Wörter. Groschen halte ich in der Rätselkasse bereit, und für jedes richtig abgeleitete Wort wandert ein Zehner ins Portemonnaie der Schüler (»Kupfer« von Zypern, wo es abgebaut wird; »Zweig« von zwei; »Brille« von Beryll[stein], aus dem früher Brillen hergestellt wurden; »Kloster« von claudere = abschließen; »Weihnachten« von den zwölf geweihten Nächten um die Jahreswende; »Pfirsich«, der »persische« Apfel). Die Sa-

»Mit Geschenkpapier und Schleife«

che macht Spaß, bringt viele Überraschungen, ist angenehm ungerecht, weil mancher durch Zufall etwas weiß oder leichte Zettel hat. Und sie läßt das Gebiet der Wortbedeutung in einem Licht erscheinen, das ihm auch gebührt: Es ist eine interessante Wissenschaft.

Das Literaturquartett bietet Möglichkeiten, Spiel und Vermittlung von Wissen direkt zu verbinden. Überraschend ist, wie leicht man so etwas herstellen kann. Jeder wählt sich einen oder zwei »wichtige« Dichter und ermittelt aus Büchern vier wesentliche Werke von ihnen. Dann wird festes, helles Kartonpapier besorgt und mit der Riesenschere der Kunsterzieher zu Spielkarten zurechtgeschnitten. Jeder beschriftet »seine« Karten in Quartettmanier, und nach dem Mischen wird ausgeteilt und losgespielt. Die Namen der Poeten und Werke fallen so oft, daß sie sich gründlich im Gehirn festbeißen. Das handschriftliche Verfahren hat etwas sehr Persönliches. Als Belohnung nach anstrengenden Lernphasen wird dieses Spiel stürmisch verlangt...

Kreativität

Eine präzise Arbeitsweise soll die Schule vermitteln, exaktes Messen, Rechnen, Übersetzen und Analysieren. Sich genau an eine Aufgabe halten, das ist ein absolut begrüßenswertes Ziel. Exakt sein ist in zahllosen Berufen wichtig und hat zu tun mit Verläßlichkeit und Klarheit.

Aber das ist nur eine von vielen Seiten der Erziehung. Eine andere fordert, mit demselben Recht, daß schöpferische Kräfte geweckt werden, daß die Phantasie angeregt und Einfallsreichtum hervorgebracht wird. Zumeist wird dabei an die sogenannten musischen Fächer gedacht, an Musik und bildende Kunst. An andere weniger. Es entsteht auf diese Weise ein großes Übergewicht der »exakten« Gruppe, und ein Vorwurf gegen die Schule von heute lautet ja auch, sie sei verkopft.

Das muß aber nicht sein. In allen Fächern können schöpferische Impulse gegeben werden, so wie auf der anderen Seite Musik und bildende Kunst einen wichtigen Beitrag zur Exaktheit leisten können.

Allerdings wird meine pädagogische Kreativität eingeschränkt: Gleichschritt soll gehalten werden in parallelen Kursen, festgelegte Klassenarbeitstermine schnüren ein. Dann die Lehrbücher: Oft gängeln sie und erschlagen mit ihren methodischen Fragen. Zwingen eine Reihenfolge auf, die sich nur schwer abändern läßt. Dabei können sie ja gar nicht auf die Situation bezogen sein, die gerade in der Klasse herrscht. Und nicht selten sind sie fad, die Späße wirken bemüht und ausgedacht.

Aus all dem muß ich mich befreien, so gut es sich mit meiner Umgebung vereinbaren läßt. Auch dabei kann der gestaltpädagogische Ansatz hilfreich sein, der ja darauf angelegt ist, die emotionale Seite anzusprechen, spontan und situationsgerecht zu sein. Also abgehen von Plan und starrer Ordnung. So wie es bei einem Einfall geschieht: Urplötzlich ist er da. Planen läßt er sich durchaus nicht. Und der Impuls, der aus der Klasse kommt, paßt vermutlich besser als der aus dem Lehrbuch. »Warte damit, das nehmen wir im Februar sowieso durch« ist eine Auskunft, womöglich im Herbst gegeben, die die Aktivität gewiß nicht beflügelt. Eine abgeänderte Reihenfolge ist mitunter nicht nur entschuldbar, sondern zwingend. Auch die so strenge geschichtliche Reihenfolge kann man unterbrechen. Niemandem begegnet doch im Leben das historische Wissen in chronologischer Reihenfolge, und trotzdem entsteht allmählich ein Geschichtsbild.

Ich muß mir ganz klar darüber sein, daß die »Planung für das nächste Halbjahr« die Spontaneität und Kreativität zu erdrosseln droht. Daß der Plan, so gut er auch ausgedacht sein mag, ein Wesen ist, das sich mir um den Hals legt, das mir Einfälle und Ideen raubt und vor allem verhindert, daß ich die momentane Situation in der Klasse und draußen im Leben noch sehe. Da Pläne aber notwendig sind, hilft nur eins: Sich trotz der Planung locker halten, offenbleiben für das, was am Wege plötzlich auftaucht, Fingerspitzengefühl und den Mut haben, das Geplante umzustoßen.

Das Erstaunliche ist, daß ich dabei nichts verliere. Spontanes wird besser angenommen, die Gemüter und Gedächtnisse der Schüler öffnen sich. Manchmal wird eine Bresche geschlagen in ein neues Gebiet, »Feh-

»Oft gängeln die Lehrbücher«

lendes« kann geschickt nachgezogen werden. Und das Erreichen von Vollständigkeit ist sowieso eine Illusion.

Einen guten Beitrag zum Thema Kreativität können auch die Hausaufgaben leisten, wenn sie in etwas offener Form gestellt werden: Mehrere Lösungen oder Lösungswege sind möglich; Beispiele mit selbstgewählten statt festgelegten Sätzen; Illustrationen, die die Phantasie beflügeln; Ausprobieren von graphischen Lösungen für Schaubilder, Texte oder Merkseiten.

Die Kreativität ist eine zarte Pflanze, die zu gießen sich lohnt.

Ein gewisser Herr Frust

Jedesmal falle ich wieder darauf herein: Die Zeit vor den großen Ferien denke ich mir wunderschön. Die Arbeiten sind geschrieben, der Druck böser Lehrpläne ist fort. Frei von Anspannung kann man sich in Ruhe mit der Klasse noch feinen Randthemen widmen...

Doch das ist reine Phantasie. In Wirklichkeit breitet sich ein entsetzlicher Frust aus. Kein Mensch hat mehr Lust zu irgend etwas. Auch nicht zur kleinsten Anstrengung. Man lümmelt sich auf die Bank und gähnt vor sich hin, stöhnt und ächzt. »Frau P. führt einen Film vor, können wir da hin?« Es ist ganz gleich, was vorgeführt werden soll, wenn nur kein Unterricht ist, wenn nur die Zeit irgendwie vergeht. Dabei sind es noch fast drei Wochen, bis die Ferien wirklich ausbrechen!! Wie schwer der Kopf ist! Jeder Gedanke tut regelrecht weh...

»Herr K. ist mit seiner Klasse auf der Wiese, die grillen oder kicken!« Vorwürfe, daß man noch in der Bude hockt. Dabei sind diese Nachrichten von den angeblichen Ausbrüchen mit Vorsicht zu genießen. Das Kleinkind-

»Wie sieht er aus?«

rezept von der Martina, die »das auch darf«, schimmert ziemlich deutlich durch. Was tun? Überreden zu »nützlicher Arbeit«? Oder einfach gegen den Widerstand losunterrichten? Das natürlich nicht: Störungen haben Vorrang.

Das nähere Eingehen auf das, was da so schön mit »Frust« tituliert wird, erweist sich als Überraschung. »Wir sehen uns den Herrn Frust einmal an. Was sagt er?« Nun, er sagt so allerlei: »Es dauert noch drei Wochen!« »Das ist ekelhaft.« »Du gehst kaputt dabei.« »Die Zeit vergeht überhaupt nicht.« So redet er noch eine ganze Weile weiter. Aber schließlich merkt man: Eigentlich ist alles, was er vorbringt, dasselbe.

Und wie sieht er aus? Schauen wir ihn einmal fest an. Als eine Art Gespenst erscheint er auf Zetteln, an der Tafel. Nicht unbedingt angenehm zu betrachten. Aber er wird nun auch konkreter dadurch. Und kleiner, denn er kann nicht mehr ins Uferlose wachsen. Und damit wird auch die Verlockung geringer, sich von ihm beherrschen zu lassen. Das Übel wird angeschaut – das berühmte Hinschauen –, und Herr Frust kann abhauen. Hatten wir nicht schon Zeitungen gesammelt für eine Zeitleiste? Und wie war das mit der Filzleiste für die Parisplakate?

Oder wir geben dem Frust nach. Öffnen die Fenster und stöhnen so richtig von Herzen: Ääh, Uaah, kotz, würg... Strecken alle viere von uns, lassen die Mundwinkel hängen. Ausgiebig, wobei mehrere Minuten schon eine ziemlich lange Zeit sind. Wie von selbst kehrt sich der Prozeß nach einer Weile um. Die Gesichter sind entspannt, die Körper wie ausgeschüttelt. Es hat ausgesprochen gutgetan, die Urlaute herauszulassen, toller als in jeder Pause. Der Unmut hat sich nach draußen verzogen.

Was nun? Sofort kommen positive Vorschläge. Auch ohne Erinnerung an das »liegengebliebene Projekt mit den Wortfamilien« und andere, nicht durchgeführte Vorhaben. Sie kommen aus den Köpfen wieder zum Vorschein, werden als Varianten an die Tafel geschrieben. Die Abstimmung darüber, was zuerst gemacht werden soll, bringt neue Spannung. Und der Frust? Er ist tatsächlich hinausgeflogen.

Die „rauhe Wirklichkeit"

Die Schüler soll man ruhig hart rannehmen, ihnen knallhart die Fakten vorsetzen, »Friß, Vogel, oder stirb!«, denn später, im Beruf, im Betrieb bläst sowieso ein anderer Wind, da wird nicht lange gefackelt...

Markige Redensarten, die zur Rechtfertigung harter Maßnahmen dienen. Ein wichtiges Faktum bleibt dabei außer acht: Nicht derjenige ist gewappnet gegen spätere Übel, dem schon in der Jugend und in der Schulzeit recht hemdsärmelig und ohne Feingefühl begegnet wurde, sondern der, der Geborgenheit und Verständnis erlebt hat, bei den Eltern und Schulleuten. Seine Widerstandskraft ist größer, weil er von positiven Erlebnissen zehren kann. Junge Menschen brauchen, auch wenn sie sich stark oder desinteressiert zeigen, Zuwendung, nicht Härte.

Und dann stimmt das pauschale Bild vom »rauhen Leben draußen« auch nicht. Es gibt viele Ausbilder und Chefs, die keineswegs alles, was da kommt auf dem Arbeitsmarkt, herunterputzen, sondern gerade selbstbewußte, umsichtige und kreative Mitarbeiter suchen.

Im übrigen ist die Welt dabei, zusammenzurücken. Kooperation, Abrüstung, Schutz der Natur, Hilfe für die dritte Welt, das sind die Hauptthemen.

Auch hier ist das Hinhören gefragt, auf den Partner, auf die Nöte des anderen. Dazu paßt gut eine Pädagogik, die Zuwendung und behutsamen Umgang mit anderen und sich selber auf ihre Fahnen geschrieben hat. Sie ist durchaus in der Lage, die Welt ein kleines bißchen humaner zu machen.

Literatur – Nachweise

Brecht, Bertolt: Der gute Mensch von Sezuan. Berlin 1962, S. 91

Burow, Olaf-Axel/Scherpp, Karlheinz: Lernziel Menschlichkeit. München 1981

Fromm, Erich: Wege aus einer kranken Gesellschaft. Frankfurt 1982, S. 324

Hebel, H.-Roland/Zipfel, Edeltraud: Offene Unterrichtsarbeit. In: Pädagogisches Zentrum, Nachrichten 1/91. Bad Kreuznach, S. 1 ff.

Kleinknecht, Wolfgang/Krieger, Herbert: Handbuch des Geschichtsunterrichts III. Frankfurt 1963, S. 78 (Sächsisches Taufgelöbnis)

Kübler-Ross, Elisabeth: Befreiung aus der Angst. Stuttgart 1983, S. 171

Maas, Herbert: Wörter erzählen Geschichten. München 1965

Mann, Thomas: Buddenbrooks. Berlin 1964, S. 648

Richter, Horst Eberhard: Engagierte Analysen. Reinbek 1981

Rogers, Carl R.: Lernen in Freiheit. München 1974

Saint-Simon, Herzog von, zitiert nach: erinnern und urteilen II. Stuttgart 1978, S. 10–5

Wohmann, Gabriele: Ein schöner Tag. In: Treibjagd, Stuttgart 1982, S. 3 ff.

Jörg Bürmann

Was ist Gestaltpädagogik? – Ein Nachwort

Mit seinen Skizzen aus dem Schulalltag gibt uns Jürgen Heinel eindrucksvolle Beispiele aus seiner Unterrichtstätigkeit. Ich habe sie gern gelesen; sie haben mich heiter gestimmt und mir Impulse gegeben für die eigene pädagogische Praxis wie für mein Nachdenken über Lehren und Lernen. So sagte ich ohne Zögern zu, als er mich um ein »theoretisches Vorwort« zu seinem Manuskript bat, war er doch – obgleich soviel erfahrener in schulischen Dingen als ich – vor einigen Jahren mein »Schüler« im Kennenlernen der »Gestaltpädagogik«. Und – wenn auch nicht als »Lehrbuch« – so vielleicht als »Lehrstück« der Gestaltpädagogik versteht der Autor ja doch das vorliegende Buch.

Aber was ist nun die »Gestaltpädagogik«? – Und wird sie angemessener präsentiert und verstanden durch die Darlegung theoretischer Prinzipien, Konzepte und Programme als durch die Anschaulichkeit vorgeführter Lehrkunst? Ist sie überhaupt mehr das Vor-Gedachte und Beabsichtigte, die Idee in den Köpfen der Entwerfer oder aber die gelebte Wirklichkeit des Lehreralltags der von ihr »Inspirierten«? Und wer vermag dann noch die Leistung des »Samens« von der des »fruchtbringenden Bodens« zu trennen? Was darf ich also der »Gestaltpädagogik« oder gar individuellen Beiträgen in ihrer Entwicklung und Weitergabe zurechnen und was reifer pädagogischer Erfahrung und vielerlei anderen theoretischen und sozialen Einflüssen?

Der Gedanke also, das theoretische Vorwort könnte als Maß der skizzierten Unterrichtspraxis sich ausgeben oder gelesen werden, vor dessen Hintergrund dann die Praxis als »schon recht anerkennenswert, wenngleich noch unvollkommen« erschiene, ließ mich den Gedanken an ein »theoretisches Vorwort« fallenlassen. So entstand die Idee, in diesem Nachwort die vorliegenden Unterrichtsskizzen abstrahierend zusammenzuschauen und dann Verbindungslinien herzustellen zu den Intentionen gestaltpädagogischer Lehrerfortbildung wie zu allgemeinen gestaltpädagogischen und tiefenpsychologischen Hintergrundkonzepten. Auf diese Weise können aus der skizzierten individuellen Praxis zugleich Grenzen bisheriger theoretischer Konzepte deutlich gemacht und

Perspektiven für deren Weiterentwicklung gesucht werden. (Die »Dankesschuld« wird damit zur »wechselseitigen«.)

Was ist Gestaltpädagogik? – 1. Versuch einer Zusammenschau der Unterrichtsskizzen Jürgen Heinels

Jürgen Heinel will uns seine »Erfahrungen mit dieser Methode« berichten, er will anderen Mut machen, diesen Weg selbst zu beschreiten, er nennt ihn mühselig und doch außerordentlich lohnenswert (er verspricht »keinen Rosengarten«). Er erhebt nicht den Zeigefinger und weist uns den Weg an – mit »müssen« und »sollen« –, sondern er läßt sich »über die Schulter schauen« bei seiner »ganz persönlichen Art« gestaltpädagogischen Lehrens. Er verwirft bewußt die Form eines »Lehrbuches«, und doch gibt es vielerlei Merkenswertes und manch Nachahmenswertes. Das Buch ist ansehenswert und anschaulich, bringt vielerlei zum Nachdenken und setzt – in der Offenheit der Mitteilungen des Autors über eigene Befindlichkeiten und überraschende Ereignisse – die Gefühle des Lesers in Schwingungen. Wir erleben uns als »mitleidende« Zuschauer dramatischer Szenen und bekommen Lust oder Furcht, ähnliches in eigener Praxis zu beginnen.

Die einzelnen Kapitel, Abschnitte oder...? – mir gefällt der Ausdruck »Szenen« am besten – stehen übergangslos und ohne erkennbare Systematik nebeneinander, und doch zeigte mir – bei der ersten Durchsicht des Manuskriptes – mein Versuch, »die Dinge erst einmal richtig« und das hieß für mich systematisch (z. B. nach Themenkreisen) zu »ordnen«, wieviel an Reiz der Lektüre, wieviel an »geistigem Spinnengewebe« (an aufeinander Angewiesensein im Vorher und Nachher, in Weiterführung und Kontrast, in Redundanz und Variation) ich da auszutrocknen begann. Wie wenig wissen wir Pädagogen doch über die Beziehungen von Ordnung und Chaos – oder über das rechte Maß von beidem im menschlichen Lernen, und wie wenig denkt die Erziehungswissenschaft über diese Frage nach! (Ist diese Frage vielleicht zu schwer für sie? Oder: Wird sie deshalb gemieden, weil sie jede systematische Wissenschaft an ihre Grenze führt, zur Transzendierung wissenschaftlichen Selbstverständnisses nötigt und am Selbstbewußtsein der Zunft nagt?) Die meisten Lehrbücher huldigen einem ungebrochenen Systematisierungs- und Planungsoptimismus für menschliches Lernen, der in anderen Erfahrungsbereichen längst in Versuchen globalen Ausmaßes gescheitert ist. Und schon bei Aristoteles findet sich eine zentrale Aussage zur Zufälligkeit des Zustandekommens menschlicher Erkenntnis/wissenschaftlichen Wissens, auf die Hans Georg Gadamer (1965: 335) aufmerksam macht. Stoffkataloge und Systematiken in Lehrbüchern in Schule und Hochschule zeigen in aller Regel mehr von schulmeisterlicher Pedanterie und wissenschaftlicher Verkrustetheit als von Einfall und Witz oder Gedankentiefe.

Die Form der Arbeit von Jürgen Heinel ist insofern schon eine wichtige Botschaft, und es gibt darüber hinaus in der Arbeit vielfältige Hinweise und Beispiele dafür, wie das Verlassen bewährter, aber ausgetretener Pfade, der spontane Einfall, das Abweichen vom »Plan«, die ungewöhnliche Inszenierung, die Bereitschaft der Schüler zum Mittun, die Lebendigkeit des Unterrichtsgeschehens und damit die Voraussetzungen zum Lernen und Behalten schlagartig erweitern.

Die dargestellten Szenen erinnern uns daran und hämmern es uns geradezu ein, daß Lehren – um ein in der Schule oft zitiertes Wort auf Unterricht selbst zurückzuwenden – die Kunst ist, zu nützen und zu erfreuen (prodesse et delectare). Jeder Lehrer kennt zwar das kluge Wort vom Gegenwarts- und vom Zukunftsbezug des Unterrichts (Schleiermacher), doch stellt sich nicht in der Praxis die Schule nur allzuoft unter Berufung auf letzteres blind und taub gegenüber der durch die einzelnen Schüler erlebten und erlittenen Gegenwartsbedeutung (oder sollte man besser sagen: Bedeutungslosigkeit?) des Unterrichts für ihre elementaren Wünsche, Interessen und altersgemäßen Entwicklungsaufgaben. Doch Lernzeit ist auch »Lebenszeit« – von Schülern *und* Lehrern (Gattegno 1974). Sind Lernmöglichkeit und Erlebnisqualität von Unterricht nicht weitgehend kongruent, trennt sich die Erlebnisqualität der Unterrichtszeit für immer mehr Schüler von den Lernobjekten und -aufgaben ab und befriedigt sich in für das Lernen kontraproduktiven Aktivitäten und Aufmerksamkeiten: die Erzählungen der Schüler nach der Schule und die Schulanekdoten der Erwachsenen sind anschauliche Dokumente eines solchen Auseinanderfallens von Lern- und Erlebniswerten vieler Unterrichtszeiten. Damit aber verflüchtigt sich auch der größte Teil des Lernwertes einer geplanten unterrichtlichen Aktivität in folgenlose Potentialitäten. Die häufig zu beobachtende Reaktion der Lehrer, das wachsende Bemühen der Schüler, nach Erlebnisqualitäten außerhalb vorgegebener Aktivitäten zu suchen, mit Druck und disziplinarischen

Mitteln (z. B. »Notenbuch«) einzudämmen, ist erfahrungsgemäß eine wenig erfolgreiche »Sisyphusarbeit« und verkennt, daß für die notwendige Stabilisierung der Ich-Stärke der Schüler (und damit für den Erhalt ihrer psychischen Gesundheit, s. u.) die eigenaktive Suche nach Erlebnisqualität weit zentraler (weil basaler) ist als das zweifelnde Hoffen auf Bestätigung durch Lernerfolge.

Die Wiederbelebung von Erlebnisqualitäten des Unterrichts scheint mir ein zentrales Element des gestaltpädagogischen Selbstverständnisses von Jürgen Heinel zu sein. Damit verliert der schwierige Nachweis, inwieweit eine Lernaktivität die Lernprozesse der Schüler tatsächlich fördert, an Bedeutung gegenüber der Frage, inwieweit die vorgeschlagenen oder von Schülern und Lehrern *gemeinsam* »ausgeheckten« Aktivitäten und Inszenierungen in der Lage sind, die existentiell notwendige Suche der Schüler nach Erlebnisqualitäten der Unterrichtszeit an eine Beschäftigung mit lernrelevanten Aufgaben zu binden. Eine solche – vom Ausmaß ihres tatsächlichen Lernerfolges unabhängige – Bestärkung durch Erlebnisqualitäten scheint nun aber gerade für *die* Schüler besonders wichtig, für die eine Anerkennung aufgrund ihres notenmäßig erfaßbaren Lernerfolges eine höchst unsichere Perspektive ist.

Die vorliegenden Unterrichtsskizzen versammeln eine große Zahl – im einzelnen weitgehend bekannter – Einfälle und »Kunstgriffe« zur Förderung solcher lernbezogener Erlebniswerte. Hier finden sich ganz einfache Tips und Techniken, Verabredungen und unterrichtsorganisatorische Details (»Datenschutz«, »Das Wort weitergeben«, »Der Kreis«), lebende Bilder, Spiele und szenisches Arrangement (»Der König«, »Karl der Große«), wie sie – in Weiterführung vielfältiger reformpädagogischer Konzepte – in der Gestaltpädagogik breite Anwendung finden. In Beherzigung der alten Pädagogenweisheit, daß das Kind nicht nur aus »Kopf«, sondern auch aus »Herz« und »Hand« (Pestalozzi) besteht, nutzt Jürgen Heinel vielfältige kreative Improvisationen zur »leibhaftigen« Involvierung der Schüler in lernzielbezogene Aktivitäten (vgl. »Die Stimme«, »In der leeren Aula«, »Mit dem Körper lernen«, »Die gefürchtete Grammatik« u. a.) aus der Erfahrung heraus, daß engagiertes Mittun auch die Offenheit für Lernangebote und die Einprägsamkeit des Gelernten – in der Verknüpfung mit szenischen Erinnerungen – wesentlich erhöht. Andere Einfälle Jürgen Heinels (»Brief an Fontane«, »Die leisen Töne«) zeigen, daß »involvierte Aktivität« nicht immer bedeutet »lebhaft und laut«, sondern daß dies auch ganz im stillen passieren kann. Nicht nur die Verknüpfung von individuellem Erleben (Fühlen, Denken und Handeln) mit neuen Lernobjekten, sondern jede Weise des In-Beziehung-Tretens von Innenwelt und Außenwelt, von höchst persönlichen Wünschen und Zielen, von Phantasien und realen Lebenserfahrungen löst die Beliebigkeit von Lernangebot und -konsum auf in viele individuelle »Begegnungen« mit dem Lernstoff. Die subjektiven Reaktionen auf symbolisch vermittelte Erfahrungen anderer bilden Schnittpunkte von Lebensgeschichten und erlebter Außenwelt und geben damit individuelle Chancen zu »persönlich bedeutsamem Lernen«, wie ich es als ein Charakteristikum für die Gestaltpädagogik herausgearbeitet habe (s. u.).

Wie Jürgen Heinel in seinen Texten immer wieder betont – und auch Wege dazu aufweist –, dürfen diese methodischen Elemente allerdings nicht als probate Techniken, als billige Tricks zur Stoffbewältigung, zur »Erzeugung« von Klassengemeinschaft eingesetzt werden: Die Schüler »riechen« das sofort! Das Entscheidende ist, daß der Boden dafür bereitet ist, daß die Atmosphäre stimmt, daß das Beziehungsnetz zwischen Lehrer und Schülern durch Klarheit, Aufrichtigkeit und wechselseitige Akzeptanz bestimmt ist. Die fortwährende »Pflege des Beziehungsklimas« wird zur entscheidenden Dimension für die Stimmigkeit und das Gelingen eines solchen Unterrichts. Und dies geschieht nicht nur durch die kleinen »Extras« (s. dort), sondern vor allem durch das Vermeiden der für Schule so charakteristischen vielfältigen, zumeist wohl nur unbedachten Herabsetzungen, Bloßstellungen, Zurückweisungen, Kränkungen und Entmutigungen der Schüler. Denn dies erst macht die »Anforderung« zur Last und für viele zur Bedrohung statt zu einer Kräfte mobilisierenden »Herausforderung«. Die Achtung der Würde des Schülers, die Entwicklung des Vertrauens in das eigene Können und die Stützung des Mutes zu einer angemessenen Einschätzung des Vollbrachten werden – wie Jürgen Heinel zeigt – durch vielfältige Formen der Rückmeldung über Gelerntes weit mehr gefördert denn durch Notenbuch und Versetzungsdrohungen. Hartmut von Hentig bringt diese Aufgabe von Lehre und Schule auf die prägnante Formel: »Die Menschen stärken, die Sachen klären« (1985).

Jürgen Heinel macht in seinen Szenen anschaulich, daß die Haltung des Lehrers, seine gelebten Einstellungen und Werte (vgl. »Warten können«, »›Macht‹ abgeben«, »Für sich selber sorgen«, »Wir wollen heute«, »Demokratie von unten«) und nicht die (kalte) Kompetenz von Beobachtung und Analyse, von Entwurf und Maßnahme der »Prüfstein« für solch einen »Neubeginn« im Unterricht ist (»Die erste Stunde«). Sich selbst »Luft verschaffen«, statt empfundenen Druck (Lehrplan, Schulaufsicht) weiterzugeben, das eigene Selbst stärken, statt das Bedürfnis nach Anerkennung zu haben, Sich-selbst-Erfahren und Sich-Erkennen statt unerkannt eigene Ansprüche, Enttäuschungen, Überlegenheitsbedürfnisse, Handlungszwänge als pädagogische Handlungsnotwendigkeiten zu verkleiden, gibt erst dem Lehrer die innere Möglichkeit, den Schülern »Räume« zu schaffen für Erfahrung und Lernen und ihnen die notwendigen Grenzen ohne eigene innere Widersprüche darzustellen. Der Verzicht auf Herrschaft und willkürliche Machtausübung – nicht aber auf die besondere Rolle und Verantwortung – kann zumeist erst auf dem Hintergrund tiefenpsychologisch orientierter Selbsterkenntnis vom programmatischen Postulat zur gelebten Haltung werden. Eine solche Haltung bildet nun aber die Voraussetzung dafür, daß durch Abgeben von Macht und durch Schaffung von Mitentscheidungs- und Gestaltungsräumen für die Schüler der Unterricht zur »gemeinsamen Sache« werden kann (vgl. »Macht abgeben«, »Demokratie von unten«, »Der König...«, »Ein gewisser Herr Frust« u. a.). Nicht in der Schülermitverwaltung, bei Wahlen und Abstimmungen, sondern beim Gelingen oder Mißlingen solch eines Unterrichts als »gemeinsames Werk«, in dem individuelle Ideen und Wünsche, komplementäre Rollen und Kompetenzen und institutionelle und soziale Hintergründe ihr momentanes labiles Gleichgewicht finden (vgl. »Momentaufnahme«), entscheidet es sich m. E., inwieweit es uns gelingt, die heranwachsende Generation durch pädagogisches Handeln darauf vorzubereiten, »Demokratie zu leben«. Für die Ausbildung dieser – offenbar notwendigen – inneren Haltung, für die Stimmigkeit dessen, was sich »im Gemüt« des Lehrers abspielt, glaubt Jürgen Heinel durch seine Begegnung mit der »Gestaltpädagogik« (s. sein »persönliches Wort vorweg«) wichtige Anstöße erhalten zu haben. Ich komme damit auf meine Frage zurück und unternehme einen zweiten Anlauf.

Was ist Gestaltpädagogik? – 2. Die gestaltpädagogische Lehrerfortbildung als Gelenkstück für Entwicklung und Verbreitung wie für Verständnis der Gestaltpädagogik

Die Geschichte könnte etwa folgendermaßen erzählt werden:

»Es waren einmal Lehrer, die waren die Schule leid (so, wie sie sie erlebten), sie fürchteten, in der Routine des Alltags ihre Hoffnungen und Sehnsüchte zu verlieren, sie waren mit dem Gelingen ihres Lebens nicht zufrieden, oder aber sie gehörten ganz einfach zu jenen ›bunten Vögeln‹, deren Schicksal es zu sein scheint, entweder als besonderes erkannt zu werden oder aber als »fürs Normale weniger geeignet‹ sich am Rande von Erfolg und Anerkennung wiederzufinden. Diese Lehrer machten sich auf die Suche nach anderen Wegen und stießen dabei auf die Verheißung einer neuen Menschlichkeit – eines neuen Menschen in einer neuen Gesellschaft –, wie sie in der Bewegung der ›Humanistischen Psychologie‹ (Bühler, Ch./Allen, M. 1974) in den 60er Jahren in den USA entstanden war und sich als Erneuerungsbewegung für menschliches Zusammenleben, für neue Formen von Pädagogik und Therapie auch nach Europa ausbreitete. Diese Lehrer trafen auf andere, die aus anderen Berufen sich aufgemacht hatten, ähnliche Wege zu suchen und fanden sich bald darauf wieder in – von Trainern und Therapeuten aus nah und fern – angeleiteten ›Selbsterfahrungsgruppen‹. Denn so lautete damals der programmatische Name solcher Gruppen, denen es um die Erneuerung und Humanisierung sozialer Zusammenhänge ging. Die programmatische Verpflichtung dieses Namens zielte zum einen darauf, ›selbst‹ und ›bei sich selbst‹ anzufangen (und nicht, andere anzuklagen oder bessern zu wollen), sie entsprach zum anderen dem bedingungslosen Aufklärungsanspruch der akademischen Jugend dieser Jahre und stand fest in der Tradition der Selbstreflexion europäischen Denkens (erkenne dich selbst/γνῶθι σεαυτόν). Und sie schlug zudem eine Brücke zum angloamerikanischen Empirismus und dessen Verknüpfung von Erkenntnis und Experiment, von Idee und Handlungsoptimismus und versprach so, die alte ›Krankheit‹ der deutschen Intelligenz, die politisch so fatale Verknüpfung von gesellschaftlicher Ohnmacht und geistigem Höhenflug zu heilen. (›Denn, ihr Deutschen, auch ihr seid / Tatenarm und gedankenvoll‹, Hölderlin: ›An die Deutschen‹.) Die im Namen bereits mitklingenden Gefahren der ›Selbsterfahrung‹, das sich Um-sich-selbst-Drehen, die ›Nabelschau‹, die Gefahr, ohne soziale Verpflichtungen, ohne Aufgaben für andere ›zu seinem eigenen Schoßhündchen zu werden‹ (vgl. Erikson 1966a: 118), war damals ebensowenig erfahren und verstanden wie die andere Gefahr, daß Erfahrung ohne ›Reise durch die Welt‹, ohne Bestehen von Aufgaben und Abenteuern leicht als Gruppenerfahrung und zielloses Experiment miteinander (see me, feel me, touch me, sensitivity training, encounter) leerläuft.

In solchen Gruppen also lernten die Lehrer – zusammen mit Angehörigen anderer (vor allem sozialer) Berufe – nicht nur neue Qualitäten von Begegnung und Kontakt und schärften ihren Blick für die Qualitäten von Beziehungen und Befindlichkeiten, sondern sie lernten sich selbst – in der Geborgenheit der Gruppe, einer Art zweiter Familie – zugleich schonungslos kennen wie liebevoll akzeptieren, und zwar mit (fast) allen ihren geheimsten Wünschen und Ängsten, ihren Interaktionsmustern und Tendenzen zur Verstrickung, ihren zwanghaften Zügen und ihren chaotischen Seiten. Diese guten und persönlich zentralen Erfahrungen wollten diese Lehrer aber bewahren und verbreiten. Die einen nun – indem sie ihren Beruf an den Nagel hingen – wurden selbst Trainer (um im Milieu zu bleiben), wurden Therapeuten (um Strukturen des Settings, um Glanz, Herausgehobenheit und Sicherheiten der Rolle, deren Bedeutung sie für sich selbst als förderlich erlebt hatten, nun selbst auf Dauer für sich zu erringen); die anderen aber blieben ihren pädagogischen Erfahrungen und Handlungsfeldern treu und machten erst zaghafte und heimliche, dann auch schon mutigere und öffentliche Versuche, die selbsterlebten positiven Erfahrungen und erweiterten Wahrnehmungs- und Interventionsmöglichkeiten in ihr pädagogisches Alltagshandeln zu integrieren und für unterschiedliche pädagogische Arbeitsfelder in Schule (G. I. Brown, B. Galyean [USA], Damaris Kägi-Romano [Schweiz], Barbara Huber [BRD] u. a.), in Lehrerausbildung und Lehrerfortbildung (Ruedi Signer [Schweiz], Hartmut Frech, Claudio Hofmann, ich selbst u. a.) oder in der außerschulischen Jugend-, Erwachsenen- und Altenbildung (Petzold) weiterzuentwickeln.[1]

1 Ich habe nur einige Namen – besonders der ersten Generation der Gestaltpädagogen – herausgegriffen; inzwischen sind es in Amerika und Westeuropa mehrere hundert – selten durch Publikationen hervorgetretene – Praktiker aus vielen pädagogischen Bereichen und Institutionen. Ich habe zudem hier eine Einengung der Bewegung auf die Gestaltpädagogik (Petzold: »Integrative Agogik«) vorgenommen und dabei verwandte pädagogische Reformansätze übergangen, wie z.B. die »Themenzentrierte Interaktion« von Ruth Cohn, den »Schülerzentrierten Unterricht« nach Carl Rogers (Tausch, Wagner).

Und obwohl sie nun eigentlich die gleiche Arbeit machten wie damals, sahen sie jetzt vieles im anderen Lichte. Sie verrannten sich seltener in ausweglose Kämpfe. Manches ging ihnen leichter von der Hand, und wenn es schwierig war, gönnten sie sich und natürlich auch den andern einfach ein bißchen mehr Zeit oder Ruhepausen. Und wenn dann doch etwas schiefging, fiel es ihnen leichter, auch einmal herzlich darüber zu lachen. Und da sie – ähnlich wie ja auch Jürgen Heinel – nicht in ihrem Glauben irrezumachen waren, daß das Ganze irgendwie mit ihrer Begegnung mit der ›Gestaltarbeit‹ ihrer Gruppe zusammenhing, wollten sie ihre Erfahrungen weitergeben, machten Kurse und Wochenenden, gründeten Ausbildungsinstitute, Schulen und Kindergärten, teilten sich und verzweigten sich und – um das Ganze wieder ein bißchen zusammenzubinden –, gründeten sie schließlich in den deutschsprachigen Ländern einen Verein.«[2]

Und damit wäre die Erzählung von der Gestaltpädagogik so etwa in der Gegenwart angelangt. – Die relative Homogenität des Weges zur Gestaltpädagogik schaffte m. E. einen gewissen Grundkonsens zwischen den Gestaltpädagogen im Hinblick auf die Wertmaßstäbe ihres pädagogischen Handelns sowie Gemeinsamkeiten in der Wahrnehmung und Beurteilung pädagogischer Handlungssituationen, und zwar weitgehend unabhängig von den jeweiligen – nach persönlichem Bildungsweg, nach Praxisfeld und nach Ausbildungs»schule« – z. T. sehr unterschiedlichen, zur theoretischen Begründung des eigenen Tuns herangezogenen Konzepten und Hintergrundtheorien (vgl. z. B. Höfer 1982, Bürmann 1983, Fatzer 1987, Burow 1988, Fuhr 1989, Petzold 1989, Scala 1991). Auf einige mir selbst wichtig erscheinende theoretische Aspekte werde ich im vierten Abschnitt noch zurückkommen.

Hier genügt es festzuhalten, daß die Gestaltpädagogik als Bewegung untrennbar verknüpft ist mit solch einer freiwilligen, aber verbindlichen Weiterbildung über mehrere Jahre *(Anm. zu Curricula)*, und zwar sowohl in ihrer Genese als auch in ihrer – auch dadurch bedingten – allmählichen Ausbreitung. Die mehrjährige »Selbsterfahrung« in einer festen Gruppe von Berufskollegen, die von therapeutisch geschulten Ausbildern (zumeist zugleich Lehrtherapeuten in Gestalttherapie) gelei-

---

2 Die »Gestaltpädagogische Vereinigung« (GpV, e.V., Berlin; Kontaktadresse: Silvia Froese, Nöckersberg 45, D-4300 Essen-Bifang.

tet wird, bildet das Herzstück dieser Weiterbildung, wobei die beruflich relativ homogene Zusammensetzung der Gruppe (Lehrende unterschiedlicher Schulstufen und -arten; z. T. gemeinsam mit Sozialpädagogen) sowie die ausbildungszielbezogene Problemfocussierung durch die Leiter den zentralen Bezugspunkt von Lernen (eigene Lern- und Schulgeschichte) und Lehren (Arbeitsplatz Schule, Lehrerrolle, erzieherische und fachunterrichtliche Aufgaben) nicht aus dem Blick geraten läßt.

Was ist Gestaltpädagogik? – 3. Von der Psychoanalyse über die Gestalttherapie zur Gestaltpädagogik

Die Gestaltpädagogik teilt mit allen anderen tiefenpsychologisch fundierten Richtungen aus Pädagogik und Therapie die Überzeugung, daß die Erweiterung persönlicher und sozialer Kompetenz als Lehrer und Erzieher eine individuelle Aufarbeitung der Lebens- und Lerngeschichte impliziert. Erst indem wir uns selbst in einem gewissen Maße der Analyse unserer eigenen unbewußten Strebungen und Vermeidungen unterziehen, wird unser Blick geschärft und unser Verständnis erweckt für eigene wie für fremde verdeckte Motive der Wahrnehmungsverzerrung und Situationsbewertung. Insofern realisiert die Gestaltpädagogik auf ihre eigene Weise eine alte Forderung der Psychoanalyse für die Pädagogik (so forderte Anna Freud bereits 1930 für jeden Lehrer seine eigene Psychoanalyse).

Da ich in den Entdeckungen Sigmund Freuds und der nachfolgenden Ausarbeitung der Psychoanalyse die – von Fritz Perls z. T. aus persönlicher Enttäuschung in ihrer Bedeutung verleugneten – wichtigen Grundlegungen auch für die Gestaltpädagogik sehe, möchte ich in aller Kürze auf die Entwicklung der Gestaltpädagogik aus der Psychoanalyse *und* aus deren methodischer und konzeptioneller Neufassung als »Gestalttherapie« durch Fritz Perls eingehen. Während S. Freud mit seiner Psychoanalyse eine Methode entwickelte, das Wirken unbewußter Motive in der freien Assoziation aufzuspüren und zu deuten – und hierzu mußte der Patient ja erst einmal isoliert und auf der Couch ruhiggestellt werden –, stützt sich die Gestaltpädagogik auf die – allerdings von der psychoanalytischen Spieltherapie (Winnicott, Erikson) vorbereitete – methodische Entdeckung des Begründers der Gestalttherapie Fritz Perls: eines »verlorenen« und zu Lebzeiten nicht wiedergekehrten Sohnes der

Psychoanalyse (erst seine Schüler finden allmählich auf verschlungenen Pfaden zu ihren Wurzeln zurück; vgl. die zahllosen Veröffentlichungen von H.G. Petzold, den Handbuchartikel von Lotte Hartmann-Kottek-Schröder, 1983, sowie den neueren Aufsatz von Marina Neumann-Schönwetter, 1991). Die entscheidende Veränderung der analytischen Methode zur Gestalttherapie durch Fritz Perls scheint mir dessen Erkenntnis gewesen zu sein, daß sich das Wirken unbewußter Motive nicht nur in der »freien Assoziation« oder im Traum erkennen läßt, sondern – eine gewisse Schulung, Erfahrung und Intuition vorausgesetzt – bereits im Zuschauen und Zuhören bei Aktionen und Interaktionen in Alltagssituationen.

Die Perlssche Wendung der Blickrichtung von der Analyse der Abwehrmechanismen des Ichs in der freien Assoziation zum Erkennen (mit analytischem Blick) von Hemmungen und Vermeidungen im Beziehungsgeschehen (im »Kontaktprozeß«) in stimulierten Verhaltensexperimenten scheint mir der wichtigste Beitrag der Gestalttherapie zur Weiterentwicklung der Psychotherapie zu sein. Sie ist m.E. zugleich ein unverzichtbarer Zwischenschritt in der Übertragung tiefenpsychologisch-therapeutischer Erfahrungen und Kompetenzen auf die Gestaltung pädagogischer Prozesse. In den von Fritz Perls bevorzugten »Techniken« (der Arbeit mit dem »leeren Stuhl« und den – spontan von ihm im Prozeß dem Klienten vorgeschlagenen – »Experimenten«) und der damit über weite Strecken noch gewahrten »Beobachterposition« des Therapeuten scheint mir zum einen noch ein Nachklang der abstinenten Haltung des Psychoanalytikers zu liegen, wie ihn Fritz Perls selbst in seiner Ausbildung kennengelernt hat. Zum anderen scheinen sie der Person Fritz Perls' gemäß gewesen zu sein: wird ja doch von seinen Freunden berichtet, daß er sich schwertat, »Beziehungen zu leben« (vgl. z.B. Kempler 1980: 15). Die Bedeutung des »Kontakts« in den Schriften von Fritz Perls, sein scharfes Auge und Ohr für Störungen im »Kontaktprozeß« und sein dadurch möglicher Beitrag zu Theorie und Therapie neurotischer Störungen stellen einerseits wohl seine bedeutendsten Leistungen dar, wie sie andererseits ein Stück individueller Leidensgeschichte widerspiegeln. So daß ähnlich wie Freud mit der Entwicklung der Psychoanalyse und Erikson mit der Ausarbeitung seiner Theorie von der »psychosozialen Identität« (s. zu beiden Erikson 1977) wir auch in der Entwicklung der Gestalttherapie durch Fritz Perls ein Element solch einer »kreativen Gestaltung persönlicher Neurose« (Erikson) erkennen können.

Die Weiterentwicklung der Gestalttherapie zur »Gestalt-Familientherapie« (Kempler 1980) und zur Gestalttherapie mit Gruppen (Ronall/Feder 1983, Petzold/Schneewind 1986: 109) brachte eine weitere Annäherung mit sich an die Arbeitssituation und die Interventionsmöglichkeiten des ja stets in lebendiger Interaktion in die Prozesse involvierten Pädagogen, in die er aufgrund von Beobachtungen und Reflexionen selbst intervenierend eingreifen soll. Indem ich die Erörterung des Problems der Kontrolle von »Übertragung« und »Gegenübertragung« im Prozeß involvierten Handelns bewußt übergehe (in der Wachsamkeit der Schüler und in der Nutzung ihrer Rückmeldungen scheint mir die größte Chance zu einer Kontrolle der Gegenübertragung zu liegen), möchte ich hier auf den Gewinn dieser Veränderungen hinweisen: die neuen Möglichkeiten des Erkennens neurotischer Störungen (bzw. Störungen im »Kontaktprozeß«) in Alltagssituationen (vgl. z. B. die »Hausbesuche« bestimmter familientherapeutischer Richtungen) schaffen auch für die Ausbildung therapeutisch geschulter Pädagogen die Chance, Ausbildungssituationen – je nach Phase der Ausbildung – weit näher an die realen Praxissituationen des Lehrerhandelns heranzurücken als auf der methodischen Basis einer »Psychoanalyse für Pädagogen« im Sinne Anna Freuds. So wird es möglich, gestaltpädagogische Weiterbildung auch in unterrichtsnahen Situationen – bei Musik und Bewegung, beim Malen und kreativen Schreiben, bei der hermeneutischen Annäherung an einen Text wie bei der Klärung der persönlichen Beziehung zu Unterrichtsfächern und -themen – zu betreiben und schließlich in der vorbereiteten »Simulation von Unterricht« in der Ausbildungsgruppe wichtige Schritte in der Übertragung von Kompetenzen und Erfahrungen in die Komplexität der Schulwirklichkeit zu wagen. Die »Selbsterfahrung des Lehrers« schließt insofern die Erfahrung und gemeinsame Reflexion (experimenteller) fachunterrichtlicher Tätigkeit ein und gibt den Teilnehmern an der gestaltpädagogischen Weiterbildung »Unterrichtsbilder« (Rumpf) und szenische Verhaltensmodelle mit, an die sie sich später erinnern und die sie kreativ weiterentwickeln können (vgl. Jürgen Heinel: »In Deutsch mag das ja gehen...«).

Was ist Gestaltpädagogik? – 4. Zentrale Begriffe der Gestaltpädagogik, ihre Herkunft und Reichweite sowie ein Vorschlag zu ihrer Ergänzung

Halten wir in Erinnerung, daß – wie im zweiten Abschnitt ausgeführt – die Gestaltpädagogik ihren Kern in der »Weitergabe von Erfahrungen« in den experimentellen Situationen der Lehrerfortbildungsgruppen hat, so kann vielleicht besser verstanden werden, weshalb die Gestaltpädagogen offensichtlich mit z. T. bruchstückhaften, heterogenen oder kontroversen Theoriestücken recht gut »leben« können. So stört auch der bisweilen merkwürdig heftige Theorienstreit zwischen Vertretern unterschiedlicher Ausbildungsinstitutionen die praktische Kooperation und die Verständigungsmöglichkeiten im pädagogischen Handeln kaum nennenswert. Andererseits fällt die Vermittlung des »so Bedeutsamen« für die eigene Arbeit an nicht zur Bewegung gehörende Kollegen immer wieder schwer. Durch die erlebte Verknüpfung persönlicher Erfahrungen mit bestimmten Begriffen bedeuten diese für den »Eingeweihten« immer noch etwas mehr und anderes, als für den Außenstehenden aus den Begriffserklärungen verstanden werden kann. Durch diesen Hang zur eigensprachlichen Begrifflichkeit von Gestaltpädagogen und Gestalttherapeuten (vgl. z. B. Petzold [2]1987) wird – ähnlich wie in der psychoanalytischen Bewegung – die Tendenz zur Abschottung der eigenen Interpretationsgemeinschaft zusätzlich verstärkt, die in der (impliziten) Behauptung, »richtig verstehen kann das nur einer, der sich dieser mehrjährigen Ausbildung unterzogen hat«, ohnehin ein Element der verwerfenden Abweisung fragender Kritik von außen enthält. – Vielleicht bildet die Veranschaulichung in solchen szenischen Bildern, wie sie Jürgen Heinel hier vorgelegt hat, insofern eine bessere Brücke zur Verständigung.

Gleichwohl möchte ich versuchen, einige aus meiner Sicht zentrale Begriffe bzw. Begriffsinhalte der Gestaltpädagogik hier zu skizzieren und den interessierten Leser auf weitere Literatur hinzuweisen.

4.1 »Der Kontakt«

Ein für die Gestaltpädagogik ebenso markanter wie merkwürdiger Begriff ist der des »Kontakts«. Während dieser Begriff für den »Laien« eher die Flüchtigkeit der Berührung oder der Bekanntschaft – wenn nicht gar das Anrüchige (»Kontakthof«) – assoziieren läßt, so wird er von den

Gestaltpädagogen stets mit gewisser Emphase, mit der Aura des Bedeutungsvollen verwendet bzw. im Gespräch (anerkennungsvoll) »guter Kontakt« und (vorwurfsvoll) »schlechter Kontakt« genannt. Die Häufigkeit des Gebrauchs korrespondiert mit einer gewissen Vagheit von Begriffsumfang und -grenze. So wird vom Körper- und Ballkontakt gesprochen (Stelter 1991), vom Kontakt als Beziehungsaufnahme zu Personen und Sachen (= »sich auf das andere einlassen«), von Kontakt als Qualität eines Gesprächs, einer Interaktion in der Dyade (Mutter–Kind, Therapeut–Klient, Lehrer–Schüler), vom Kontakt als »wache Aufmerksamkeit« oder als Focussierung der Aufmerksamkeit (als »ganz bei der Sache sein«), und indem schließlich der Kontaktprozeß mit Lernprozeß und Persönlichkeitsentwicklung (»Wachstum«) verknüpft wird, droht sich die Begrifflichkeit in Tautologien zu verflüchtigen: »Als zentrales Konzept der Gestaltpädagogik ergibt sich aus dem Kontaktmodell die Auffassung von Lehren und Lernen als Kontaktprozeß« (Burow 1988: 80). So werden dann vom Lehrer »Kontaktprozesse« ebenso geplant wie der »intensive Kontakt zum Lerngegenstand« (ebda.).

Doch kehren wir noch einmal zu Fritz Perls, dem Begründer der Theorie des Kontakts, zurück. Nach meinem Verständnis seiner Schriften geht es ihm um folgendes:
Die Veränderung der Basis der »Materialgewinnung« für therapeutische Analyse (Diagnose) und Intervention[3] – von der freien Assoziation des ruhiggestellten Patienten hin zur Beobachtung von Verhalten und Handeln des Patienten in von Therapeuten »stimulierten« Gesprächen und experimentellen Handlungssituationen – macht neurotische Störungen beobachtbar auf der Ebene ihrer Erscheinungen an der Oberfläche des Verhaltens, des Handelns und des situativen Erscheinungsbildes des

---

3 Inwieweit diese Veränderungen in Setting und Methode schlicht »geniale« Reaktionen auf eine je unterschiedliche vorherrschende Klientel darstellen (hier verordnete Ruhe für Hysterikerinnen, dort verordnete Flexibilität für Rigide und Zwanghafte – Soldaten in Südafrika –), oder aber als höchst persönliche Adaptationen therapeutischen Handelns auf eher kontemplativ-reflexive bzw. eher aggressiv-impulsive Züge der jeweiligen Therapeutenpersönlichkeit zu verstehen sind oder aber aus noch vielerlei anderen codeterminierenden Faktoren und deren unentwirrbarer Mischung, kann hier offenbleiben. Der psychoanalytische Begriff der »Überdetermination« menschlichen Verhaltens scheint logisch nur konsequent auch auf die programmatisch vertretenen Konzepte der Gründerväter von therapeutischen Schulen wie auch der persönlichen Varianten jedes einzelnen Therapeuten und (Gestalt-)Pädagogen beziehbar zu sein.

Klienten. Die Wahrnehmung (awareness) des »Offensichtlichen« (im »Hier« und »Jetzt«), das Erleben von »leibhaftiger Evidenz« (Petzold), die Beachtung des Nonverbalen in Gesicht, Gestik und Stimme wie die Aufmerksamkeit des Therapeuten auf seine eigenen momentanen Gefühlsreaktionen treten (vereinfacht ausgedrückt) an die Stelle der Analyse des Gehörten, der lebensgeschichtlichen Erinnerungen und Assoziationen des Analysanden. Die Phänomenologie (der Neurose) verdrängt die analytische Ursachenforschung. Die Konzepte von »Abwehr« und »Verdrängung« werden von Perls konsequent durch die der »Vermeidung« und der Hemmung durch das »unerledigte Geschäft«, die nicht »geschlossene Gestalt« ersetzt. Die Notwendigkeit, das Wirken der frühen Erfahrungen und deren Verwerfungen in der Seele des Menschen in der Aktualisierung des Handlungsvollzugs zu »ertappen«, macht es erforderlich, auch das Ich-aktive Verhalten des Individuums in der situativen Gestaltung der Ich-Umwelt-Beziehungen konzeptuell zu erfassen und Störungen oder Hemmungen in diesen aktiv-initiativen Handlungsverläufen beschreibbar zu machen. Den Prozeß einer solchen aktiv und initiativ (vgl. aggredi bzw. »Das Ich, der Hunger und die Aggression«, Perls 1978) gestalteten Ich-Umwelt-Beziehung nennt Perls »Kontaktprozeß«, und zwar unabhängig davon, ob es sich dabei um die Begegnung mit einem anderen Menschen oder einem Erfahrungsgegenstand der Dingwelt handelt. Die Perls aus seiner europäischen Denktradition vertraute geistesgeschichtliche Erkenntnis, daß Erfahrung nicht nur Objekterkenntnis ist, sondern denjenigen, der die Erfahrung macht, zugleich verändert, d. h. zu einem »Erfahrenen« macht (vgl. Gadamer 1965), geht m. E. in das Perlssche Konzept des Kontakts als Schlüsselsituation für Personengenese wie gesellschaftliche Veränderungsprozesse ebenso ein wie angloamerikanische Denktraditionen der Entstehung des Ichs aus kooperativen Interaktionsprozessen (vgl. Mead 1934) oder die von Perls über seine Zen-Erfahrungen rezipierte östlich-philosophische Denktradition, die eine der westlichen Tradition vergleichbare Gegenüberstellung von Individuum und Gesellschaft nicht kennt (vgl. Allport 1970).
Die Persönlichkeit löst sich im Denken Fritz Perls' auf in ein System von Kontakterfahrungen (das Selbst als »Summe der Kontakte«) und wird auch nur erfahrbar (für sich selbst und andere) im »Kontakt«. Das Ereignis des Kontakts wird zur einzig erfahrbaren Wirklichkeit.

Dieser Denkansatz ersparte nun Perls nicht nur eine weitere Auseinandersetzung mit der Freudschen Persönlichkeitstheorie und der nachfolgend psychoanalytischen Ichtheorie, sondern überhaupt jedes Nachdenken über die innere Strukturierung des Selbst-Systems, d. h. die Geschichte und den Aufbau des inneren Erfahrungssystems (Persönlichkeit, Identität, Rollensystem bzw. des »integrierenden Selbst« – Bühler 1969) und paßte auf der anderen Seite vorzüglich zum anarchistischen Weltbild seines zeitweiligen Mitstreiters und Mitdenkers, des Pädagogen Paul Goodman: die je spontane Erfahrung des »Selbst« im »Kontakt« im »Hier und Jetzt« entsprach der anarchistischen spontanen Aktion von Ad-hoc-Gruppen. Die mögliche lähmende Wirkung von Ich-Strukturen (auf »persönliches Wachstum«) wie von gesellschaftlichen Institutionen (auf den Prozeß notwendigen gesellschaftlichen Wandels) wurde von beiden gleichermaßen einseitig gesehen und in Therapie, Pädagogik, Schulkritik und gesellschaftlicher Aktion bekämpft. (Zu einer umfassenderen Sicht der Beziehungen zwischen Entwicklung von Ich-Strukturen in der Ontogenese wie gesellschaftlichen Institutionen in der Phylogenese vgl. Erikson bes. 1978).

Eine relativierende Eingrenzung des Kontaktbegriffs setzt insofern wieder viele alte Fragen (Ich-Theorie, Struktur der Persönlichkeit, Spontaneität versus Konstanz und Verantwortlichkeit) in ihr Recht. Die Faszination des Konktaktbegriffes liegt m. E. gerade in der Tatsache, daß er viele komplizierte Probleme mit einer einfachen Formel zu erledigen scheint, in seiner ideologischen Sammlungswirkung als Kampfbegriff gegen Routine, Entfremdung und bürgerliche Langeweile. Anderseits sollte er m. E. unter analytischem Interesse begrenzt bleiben auf die Analyse einer beobachteten Mikroeinheit einer zeitlich sehr begrenzten Interaktionssituation in der Dyade (Mensch–Mensch) oder des »Aufmerksamkeitsverlaufs« einer Beschäftigung eines Schülers mit einem Lernobjekt.

4.2 »Begegnung, »Beziehung« und »Bezogenheit«

Während in der »Berliner Schule« der Gestaltpädagogik[4] m. W. an der überragenden Bedeutung des »Kontaktkonzepts« bis heute relativ ungebrochen festgehalten wird, wurde in Weiterentwicklung der Gestalttherapie zur »integrativen Therapie« am Fritz-Perls-Institut (Düsseldorf) und in dem dort von mir selbst aufgebauten Zweig der Gestaltpädagogik schon früh die Begrenztheit des Kontaktkonzepts erkannt und besonders durch die umfangreichen Arbeiten von H. G. Petzold durch – aus vielerlei theoretischen Quellen rezipierte – Konzepte erweitert wie im

---

4 Gestaltzentrum, IGG und generell in der D.V.G.

Falle obiger Begriffe durch seine lebensgeschichtlich fundierte Beziehung zu den Denktraditionen des französischen Existentialismus (G. Marcel und M. Merleau-Ponty; vgl. zusammenfassend Petzold 1986). Ich kann hier wohl auf eine genauere Erläuterung dieser Begriffe verzichten, da sie über Martin Buber und Otto-Friedrich Bollnow in die allgemeine Pädagogikdiskussion in Deutschland Eingang fanden. In der Fortsetzung der Diskussionen über den »pädagogischen Bezug« betonen sie die Aspekte der existentiellen Notwendigkeit der »Du-Erfahrung« für die menschliche Entwicklung, der Notwendigkeit von Verläßlichkeit und Konstanz in menschlichen Beziehungen (als mehr und etwas anderes als die spontane Erfahrung des anderen im »Kontakt« im »Hier und Jetzt«) sowie das Eingebundensein des einzelnen in Familie, soziale Gruppe, Tradition und Geschichte wie seine Dazugehörigkeit und seine Verantwortlichkeit gegenüber Mitmenschen, Natur und Kosmos. Die Szenen Jürgen Heinels zeigen sehr deutlich den Aspekt der Notwendigkeit der »Beziehungspflege« und seines Engagements für Verantwortlichkeit, Vertrauen und Verläßlichkeit.

4.3 »Persönlich bedeutsames Lernen«

Zielte die Gestalttherapie von Fritz Perls vor allem auf eine »Wiederbelebung des Selbst« (1979) und damit auf die »wachstumsfördernde« Verlebendigung menschlicher Beziehungen und Interaktionen (frei von neurotischen Hemmungen und Verstrickungen), so bürgerte sich auch in der Gestaltpädagogik die Redeweise ein, in Aufhebung des »entfremdeten Lernens« mit Druck und Routinen und unter Berücksichtigung von »Kopf«, »Herz« und »Hand« schulisches Lernen wieder zu einem kreativen, lebendigen Ereignis werden zu lassen. Der in der Gestaltpädagogik verbreitete Versuch, »ganzheitliche« Lernprozesse zu gestalten, führte – zumindest in den ersten Jahren – in Deutschland m. E. zu einem gewissen »Aktionismus«, wie er damals wohl auch für viele Gestalttherapeuten kennzeichnend war.[5]

Die Arbeit mit kreativen Medien (Musik, Malen, Tonarbeiten, Theater), mit Meditation und Körpererfahrungen, mit Rollenspiel und verschiedenen Formen der Dramatisierung schien mir bestimmte Arten wichtiger

---

5 Vgl. die Kritik von I. From 1976; zit. bei Neumann-Schönwetter 1991: 196f.; vgl. ferner die Sammlungen von »praktischen Beispielen zur Nachahmung« (z. B.: Burow/Quitmann/Rubeau 1987) und die HILF-Publikationen.

Lernprozesse (das sich mit Anstrengung Vertiefen in ein schwieriges Problem, das Lernen mit einem weitgespannten Zielbezug wie überhaupt die Beschäftigung mit der symbolisch vermittelten Tradition) zu vernachlässigen und Gestaltpädagogik unnötig einzugrenzen auf situatives Erfahrungslernen und damit in gewisser Weise zugleich in den Elementarbereich abzudrängen.

Ich schlug daher (1983) – im Aufgreifen gewisser Hinweise von G. W. Allport (1970) – vor, den Begriff »lebendiges Lernen« auf den Bereich beobachtbarer Lebhaftigkeit der Lernaktivitäten einzugrenzen und solches Lernen nur als *eine* Dimension zu sehen, in der »persönlich bedeutsames Lernen« geschehen kann, dessen Charakteristikum es sei, im Schnittpunkt von individueller Lebensgeschichte und Außenwelt – als Erfahrung des anderen – zugleich konstitutiv im individuellen Bildungsprozeß des einzelnen Schülers zu werden. Die persönliche Bedeutsamkeit des Lernens ist damit sowohl bedingt durch den individuellen, lebensgeschichtlichen Erfahrungsaufbau wie es auch seinerseits auf diesen verändernd zurückwirkt. (Die Beziehungen dieses Begriffs zur geistesgeschichtlichen Tradition der Hermeneutik – Dilthey, Gadamer –, der ich mich selbst verpflichtet fühle, liegen auf der Hand.)

Die Möglichkeiten, im schulischen Unterricht für eine Aktualisierung und Entfaltung lebensgeschichtlicher Erfahrungen, vorgängiger Objektkenntnis und Vorurteilsstrukturen Raum zu geben, sind damit nicht nur ein Kunstgriff zur Motivierung der Schüler, sondern sie werden zur konstitutiven Bedingung für »persönlich bedeutsame Lernprozesse« (vgl. Bürmann 1983).
Der Begriff des »persönlich bedeutsamen Lernens« findet zunehmend Eingang in die gestaltpädagogische Diskussion (nicht allerdings immer ganz in der vorgeschlagenen Bedeutungsdimension).

4.4 Das »Spielerische«

Während der Begriff des »persönlich bedeutsamen Lernens« vielleicht etwas »Schweres« hat und das Ernsthafte und »Bedeutungsvolle« im Bildungsprozeß der Persönlichkeit hervorhebt, zielen demgegenüber viele der »Übungen«, »Phantasiereisen«, »kreativen Aktionen« und szenischen Verlebendigungen – wie wir sie im Text Jürgen Heinels und in anderen gestaltpädagogischen Praxisberichten (Burow/Quitmann/Rubeau 1987; Burow/Kaufmann 1991) finden – gerade auf die situative Befriedigung im Erleben von Kreativität, Phantasie und Spiel. Dieser Bereich gestaltpädagogischer Praxis bedarf offenbar einer eigenständigen Begründung, die auch über die Aspekte von Entspannung und kompensatorischer Bewegung hinauszugehen hat.

Wenn ich den Begriff des »Spielerischen« hier aufgreife und nicht den der »Kreativität«, so möchte ich damit zum einen Abstand gewinnen von der zeitweilig modischen Beschwörung der Kreativität als zentralem Aspekt menschlichen Wachstums und eines »modernen Menschen« schlechthin, zum anderen vorbeugen, es nur als neue Lernzieldimension (Erziehung zur Kreativität) mißverstehen zu lassen oder es primär auf die Arbeit mit »kreativen Medien« einzugrenzen. Zum dritten möchte ich damit an die anthropologische Diskussion zur Bedeutung des menschlichen Spiels anknüpfen, und schließlich und vor allem möchte ich unter Bezug auf die Erkenntnisse der psychoanalytischen Kindertherapie abheben auf die zentrale Bedeutung des »Spielerischen« für die kindliche Entwicklung wie für die Förderung der Festigung und Restabilisierung von Ich-Stärke.

In der psychoanalytischen Theorie des kindlichen Spiels (ich denke hier besonders an Erikson; zu Winnicott vgl. jetzt auch Neumann-Schönwetter 1991: 197) wird die Bedeutung des kindlichen Spiels in seiner Mittlerstellung zwischen Innen- und Außenwelt gesehen. Als nach außen gewendete Phantasiewelt bildet die Spielszene eine »Zwischenrealität«, »ein versuchsweises Universum« (Erikson 1966b: 109), in dem das Kind sich zugleich von den Fixierungen der Vergangenheit nachspielend löst als auch beginnt, »die Zukunft zu meistern, indem es sie in zahllosen Variationen sich wiederholender Themen vorwegnimmt. Indem es die verschiedenen Rollenbilder der Erwachsenen um es herum in seine Sphäre des ›So-tun-als-ob‹ aufnimmt, kann das Kind herausfinden, wie es sich anfühlt, so zu sein wie die Großen, ehe das Schicksal es zwingt, tatsächlich so wie einige von ihnen zu werden« (Erikson 1966b: 109).

Über diese Funktion einer tentativen Verknüpfung von erinnerter Vergangenheit mit vorausgeahnter Zukunft hinaus gibt das Spiel dem Kind die Möglichkeit, die Welt der bruchstückhaften, widersprüchlichen und auseinanderstrebenden Erfahrungen, die das auf Ich-zentrierte Zusammenschau angewiesene Ich mit Zerfall bedrohen, in der Ich-aktiven Inszenierung des Spieles zu »traumhaften« Zusammenhängen umzugestalten und damit sich selbst wieder als dynamischen Mittelpunkt einer auf sich zentrierten Welt zu erleben. Im Spiel kommt die »Mittelpunktssucht« des vereinheitlichende Zusammenhänge stiftenden Ichs mit der alltäglich erlebten Begrenzungserfahrung in der Realität zur Versöhnung. So dient das Spiel der Sammlung und Restabilisierung wie der Wiederaufrichtung und neuen Zielorientierung des Ichs.

Diese Bedeutung des »Spielerischen« ist nun aber nicht auf die frühe Kindheit begrenzt, sondern lebt in den »inspirierten Spieldingen des Erwachsenen, dem Tanz, dem Drama, dem Ritual« (Erikson ebd.) fort. Und zumal in der Adoleszenz, in der Phase der »tentativen« Erprobung neuer Lebensentwürfe (Bühler 1969) kann Raum für das »Spielerische« es den Jugendlichen ermöglichen, gefahrlos und ohne darauf (trotzstiftend) festgelegt zu werden, Rollen und Meinungen, Theorien und Ideologien zu spielen, »als ob sie seine eigenen wären«, und sie in gesuchten Konflikten bis zur äußersten Grenze zu erproben. Die Bedeutung des »Spielerischen« scheint sich daher m. E. im Laufe der Schulzeit zu verlagern vom künstlerisch kreativen Schaffen hin zu den Fächern, die für die Herausbildung des Selbstverständnisses des Jugendlichen in seiner Zeit und für seine Suche nach einer zukünftigen Rolle in der Gesellschaft von Einfluß sind. Das »Spielerische« verschiebt sich demgemäß vom »Miteinanderspielen« zum »Spiel« mit Rollen, Positionen und Perspektiven in der Aneignung symbolisch vermittelter Erfahrung anderer (in Literatur, Politik, Geschichte und Sozialkunde). Das »Spielerische« meint dann eine bestimmte Haltung gegenüber anderen Menschen, und zwar nicht das »Vorgespielte«, sondern das virtuelle Erproben anderer Perspektiven, Lebenssituationen und Zukunftsentwürfe zur Erweiterung der eigenen »Menschheit« (W. v. Humboldt) wie zur Erkenntnis der Einheit in der Vielfalt und der gemeinsamen Verantwortung für diese eine Welt.

Eine allzu große Fixierung der Schule auf das »Ernsthafte und Wichtige«, auf das »fürs Leben« bzw. auf die wirklichkeitsorientierte Zielstrebigkeit (von Abschlußprüfung, Beruf und Erwerb) läßt das menschliche Bedürfnis nach spielerischer Selbstzentrierung und seinen Wunsch, Mittelpunkt in einer selbst initiativ gestalteten Welt zu sein, leerlaufen bzw. drängt sie ab in den Bereich allbekannter »Unterrichtsstörungen«, Schülerspäße und anderer »Zeichen von Unreife«.

4.5 »Aktualität« (versus Realität)

Der Begriff der »Aktualität« ist in der gestaltpädagogischen (wie gestalttherapeutischen) Diskussion m. W. nach nicht gebräuchlich. Ihn neu einzuführen ist ein Wagnis, und die Zukunft wird zeigen, inwieweit er durch die Annahme derer Bestätigung findet, deren Erfahrungen ich damit besser zu verstehen suche, als ich es konnte, bevor ich mir diesen Begriff »vertraut machte«.

Das Konzept der »Aktualität« wird von E. H. Erikson – im Aufgreifen eines Hinweises von S. Freud (Traumlehre 1917) im Hinblick auf eine notwendige Differenzierung zwischen »Aktualitäts-« und »Realitätsprüfung« – in einem Vortrag von 1961 (über »Die psychologische Realität und die historische Aktualität«, 1966b: 146ff.) entwickelt und vorgestellt. Von der Realität, der Welt der Tatsachen, trennt er die Aktualität, die Welt, »die sich in unmittelbarer Berührung und Wechselbezug bestätigt« (S. 149):

»Die Realität... ist die Welt der Erfahrung der Erscheinung, wahrgenommen mit einem Minimum an Entstellung und einem Maximum an der Art der Beweisführung, auf die man sich in einem gegebenen Zustand der Technik und Kultur geeinigt hat; Aktualität hingegen ist die Welt der Partizipation, geteilt mit anderen Teilnehmenden, mit einem Minimum an defensivem Manövrieren und einem Maximum an wechselseitiger Aktivierung.«

Fassen wir mit Erikson die Realität auf als die wahrnehmbaren Elemente der vorfindlichen Situation, so käme für »Aktualität« das Merkmal eines gewissen Konsensus über die Bedeutung der dominanten Merkmale der Situation sowie das Finden eines »gemeinsamen Weges« hinzu zur Gestaltung der Situation und ihrer realen Anforderungen, und zwar in der Weise, daß im gemeinsamen Tun die wechselseitige Aktivierung von Kräften erlebbar wird. Während wir das selektive Sich-Einlassen des einzelnen auf »Aktualität« auch mit Perls als »Kontakt« verstehen können, scheint mir das umfassendere Konzept der »Aktualität« als Partizipation an der aktiven Gestaltung der Anforderungen einer Situation mit gleichzeitiger wechselseitiger Aktivierung angemessener das zu beschreiben, was gestaltpädagogische Weiterbildung und dann und wann auch eine von ihr inspirierte Schulstunde zu so einprägsamen und nachwirkenden Erlebnissen macht. (Dies scheint mir im übrigen auch mit den »beflügelnden« Erfahrungen selbstorganisierten »Projektstudiums« und vergleichbaren Kollektiverlebnissen übereinzustimmen.)

Als Ereignisse (vgl. den »Erlebnisbegriff« Diltheys; Gadamer 1965) im Brennpunkt von individuellen Lebensgeschichten und herausfordernden Kontexten beruhen Aktualitäten in allen Stadien der Entwicklung des Menschen »auf der Ergänzung von inneren und äußeren Strukturen« (Erikson 1966: 161) und sind »codeterminiert« durch die persönlichen Umstände der Beteiligten, durch historische und politische Prozesse, die »Entwicklungsstadien des Individuums« und – wie ich ergänzen möchte – durch den institutionellen Ort. »Aktualität« ist insofern nicht planmäßig (durch »Unterrichtsplanung«!) herbeiführbar, kann aber durch Planung, aber auch durch vielerlei andere Umstände gestört oder verhindert werden. Für den Lehrer gilt m. E. dasselbe, was Erikson für den Psychotherapeuten fordert, er »muß über die Übertragung hinaus seine Rolle in dem erkennen können, was wir hier als Aktualität eines jungen Menschen zu umschreiben versuchten« (S. 159).

Wenn der Lehrer diese schmerzliche Grenze der »Machbarkeit« des Erwünschten nicht akzeptiert, reibt er seine Kräfte auf im Kampf oder schrumpft selbst in die Resignation. Erst ein Sich-Einlassen auf die konkrete Situation, ein Sich-Lösen von den Fixierungen auf (mitgebrachte) Pläne und Zielvorstellungen macht die Situation offen für das Entstehen von »Aktualität«, in der – wenn sie überhaupt diesen Namen verdient – auch die mitgebrachten Absichten und die Anforderungen der Institution irgendwie »aufgehoben« sein werden. Jürgen Heinels Szenen und besonders seine Szene von dem »gewissen Herrn Frust« geben ein anschauliches Beispiel für – wie ich meine – »Aktualität« und die Strukturen des Prozesses ihrer Entstehung (vgl. auch das von Neumann-Schönwetter zitierte Beispiel von R. Clos 1991: 202 sowie das Beispiel von B. Galyean 1978: 190).

Ich möchte diesen Abschnitt mit einem für den Lehrer umgewandelten Wort Eriksons schließen (1966b: 151):

Der Lehrer, »dem es wirklich bessergeht, muß seine Kraft des Erkennens Gefährten (seinen Schülern, J. B.) zuwenden, von denen er seinerseits erkannt wird, und seine Bedürfnisse nach Aktivierung auf die richten, die ihrerseits von ihm aktiviert werden. Wie Shakespeare in ›Troilus und Cressida‹ sagt:

> Der Mensch... empfindet nicht, was er besitzt
> Und fühlt sein Eigen nur durch Widerschein;
> So daß auf andere strahlend seine Kraft
> Sie wärmt und deren Wärme wiederum
> Zum ersten Spender kehrt.«

Ich komme zum Schluß:

Gestaltpädagogik ist in meinem Verständnis keine neue oder andere Pädagogik, sondern ein Versuch, durch Einbeziehung von Erfahrungen und Theorien der Psychotherapie und hier besonders einer psychoanalytisch fundierten Gestalttherapie pädagogisches Handeln zu verbessern. D. h., sie versteht sich als ein Beitrag zu einer »guten Pädagogik«. Sie ist eine erweiterte Art, die pädagogischen Situationen und Aufgaben zu sehen und sich ihnen vorbehaltlos zu stellen. Der besondere Akzent liegt dabei auf der Beachtung der Beziehungsdimension – zwischen den Menschen untereinander wie zwischen den Menschen und den Themen und Aufgaben – und in der Bewertung der Bedeutung dieser Dimension für das Lernen wie für den Unterrichtsprozeß.

Die tiefenpsychologische Grundlegung in der Theorie wie vor allem ihre »Verankerung« in Bewußtsein und Wahrnehmung der Lehrer durch mehrjährige personenzentrierte Fortbildung schafft für den gestaltpädagogischen Lehrer besondere Ausgangsbedingungen für das Erkennen und Reflektieren von Störungen und Chancen einer konkreten Situation. Sie erweitert seine Möglichkeiten zur Förderung »heilender Prozesse« in seinem Arbeitsfeld, die gekennzeichnet sind durch die Suche nach einem »gemeinsamen Weg« zu akzeptierter Gestaltung schulischen Lernens, als dessen entscheidendes Merkmal ich mit Erikson die wechselseitige Aktivierung der unterschiedlichen Stärken und Fähigkeiten der Beteiligten ansehe.

Literaturverzeichnis

Allport, G. W.: Gestalt und Wachstum in der Persönlichkeit. Meisenheim ³1970

Bühler, Ch.: Der menschliche Lebenslauf als eine Ganzheit. In: Bühler, Ch./ Massarik, F. (Hrsg.): Lebenslauf und Lebensziele. Stuttgart 1969, S. 1–8

Bühler, Ch./Allen, M.: Einführung in die humanistische Psychologie. Stuttgart 1974

Bürmann, J.: Gestaltpädagogik – Ein Weg zu humanerem Lernen. In: Sauter, F. Ch. (Hrsg.): Psychotherapie in der Schule. München 1983, S. 129–157

Burow, O.-A.: Grundlagen der Gestaltpädagogik. Dortmund 1988

Burow, O.-A./Quitmann, H./Rubeau, M. P.: Gestaltpädagogik in der Praxis. Unterrichtsbeispiele und spielerische Übungen für den Schulalltag. Salzburg 1987

Erikson, E. H.: Identität und Lebenszyklus. Frankfurt 1966a

Erikson, E. H.: Einsicht und Verantwortung. Die Rolle des Ethischen in der Psychoanalyse. Stuttgart 1966b

Erikson, E. H.: Lebensgeschichte und historischer Augenblick. Frankfurt/M. 1977

Erikson, E. H.: Kinderspiel und politische Phantasie. Stufen in der Ritualisierung der Realität. Frankfurt 1978

Fatzer, G.: Ganzheitliches Lernen. Paderborn 1987

Freud, A.: Psychoanalyse für Pädagogen. Eine Einführung. Bern u. a. ^{5}1971

From, I.: Gestalttherapie und »Gestalt«: Betrachtungen über Gestalttherapie nach 32 Jahren Praxis. In: Gestalttherapie 1987, H. 1

Fuhr, R.: Gestaltpädagogik. Versuch einer Standortbestimmung. In: Integrative Therapie 1989, S. 387–391

Gadamer, H.-G.: Wahrheit und Methode. Grundzüge einer philosophischen Hermeneutik. Tübingen ^{2}1965

Galyean, B.: Gemeinsames Wachsen mit Gestaltmethoden im Französischunterricht. In: Brown, G. I./Petzold, H. G. (Hrsg.): Gefühl und Aktion. Frankfurt 1978, S. 190–196

Gattegno, C.: Die Unterordnung des Lehrens unter das Lernen. Hannover 1974

Hartmann-Kottek-Schröder, L.: Gestalttherapie. In: Corsini, R. J. (Hrsg.): Handbuch der Psychotherapie. Bd. 1, Weinheim 1983, S. 281–320

Hentig, H. v.: Die Menschen stärken, die Sachen klären: ein Plädoyer für die Wiederherstellung der Aufklärung. Stuttgart 1985

Höfer, A. u. a.: Gestalt des Glaubens. Beispiele aus der Praxis gestaltorientierter Katechese. München 1982

Hölderlin, F.: An die Deutschen. Gedichte 1796–1799

Kempler, W.: Grundzüge der Gestalt-Familientherapie. Stuttgart 1980

Mead, G. H.: Mind, Self and Society. From the standpoint of a social behaviorist. Chicago 1934

Neumann-Schönwetter, M.: Verleugnung der eigenen Wurzeln? Vom Unsinn der Ausgrenzung. Assoziationen zu Psychoanalyse und Gestalt. In: Burow, O.-A./Kaufmann, H. (Hrsg.): Gestaltpädagogik in Praxis und Diskussion. Berlin 1991, S. 192–207

Perls, F. S.: Das Ich, der Hunger und die Aggression. Die Anfänge der Gestalttherapie. Stuttgart 1978 (engl. 1942)

Perls, F. S./Hefferline, R. D./Goodman, P.: Gestalttherapie. Wiederbelebung des Selbst. Stuttgart 1979

Petzold, H. G.: Konfluenz, Kontakt, Begegnung und Beziehung als Dimensionen therapeutischer Korrespondenz in der Integrativen Therapie. In: Integrative Therapie 1986, S. 320–342

Petzold, H. G.: Die Rolle des Therapeuten und die Therapeutische Beziehung in der Integrativen Therapie. In: Petzold, H. G. (Hrsg.): Die Rolle des Therapeuten und die Therapeutische Beziehung. Paderborn ²1987, S. 223–285

Petzold, H. G.: Grundkonzepte der Integrativen Pädagogik. In: Integrative Therapie 1989, S. 392–398

Petzold, H. G./Schneewind, U.-J.: Konzepte zur Gruppe und Formen der Gruppenarbeit in der Integrativen Therapie und Gestalttherapie. In: Petzold, H. G./Frühmann, R. (Hrsg.): Modelle der Gruppe in Psychotherapie und psychosozialer Arbeit. Bd. 1, Paderborn 1986, S. 109–255

Ronall, R./Feder, B.: Gestaltgruppen. Stuttgart 1983

Rumpf, H.: Unterricht und Identität. Perspektiven für ein humanes Lernen. München 1976

Stelter, R.: Kontakt ist belebend. Ebenen des Kontaktes im Sportunterricht. In: Burow, O.-A./Kaufmann, H. (Hrsg.): Gestaltpädagogik in Praxis und Diskussion. Berlin 1991, S. 97–101

Die Autoren

Text

Jürgen Heinel, Dr. phil., geboren in Chemnitz, langjährige Tätigkeit als Lehrer. Mitarbeiter bei Tageszeitungen, Theaterkritiker. Autor von Bildbänden, Dokumentationen und biographischen Schriften.

Illustrationen

Hermann Hoormann, geboren in Meppen/Ems, Maler und Kunsterzieher. Zahlreiche Einzelausstellungen, u. a. in München, Krefeld, Düsseldorf, Wien, s'Hertogenbosch, Rosendaal, Bonn. Beteiligung an Gruppenausstellungen, so in Koblenz, Trier, Mainz, Aix-en-Provence, Paris.

Nachwort

Jörg Bürmann, Dr. phil., geboren in Hamburg, Professor für Hochschuldidaktik an der Universität Mainz. Begründer und Leiter der gestaltpädagogischen Weiterbildung am Fritz-Perls-Institut. Schriften zu den Gebieten der Hochschulreform und Gestaltpädagogik.